JN303481

ユウ・シャーミンの実践中国語会話

ビジネス

ユウ・シャーミン 著

はじめに

親愛なる学習者の皆様へ： 您好！

　この本は、わたくしが以前から手づくりしたテキストを再編集した会話集です。中国語を教えて８年間（中国の文化・習慣などの実状の資料収集やリアルな会話を創り続けながら）、自分で創りたてのテキストを使い、各教室や企業で中国語ビジネス会話の授業を重ねてきました。また、日中の通訳者の視点からも日中間交流での大切なヒントも得てきました。このように模索した結果、より楽しく、早く身に付けられる実践会話が求められていることを実感し、この本の執筆に至りました。

　そもそも、このテキストを本の形で出版しようと思ったきっかけは、最愛の母に捧げるためでした。留学で日本へ渡った私を、ずっと支えてくれた母は、ちょうど８年前に事故で突然旅立ちました。このあまりにも悲痛なできごとを乗り越えようと、私はこの手づくりテキストをコツコツと創って参りました。このテキストを使った授業での、生徒さんたちの中国語の上達や成果が一番の励みにもなりました。この本を通じて、皆様に少しでもお役にたつことができましたら、何より幸せです。そして、最愛の母も天国で微笑んでくれるでしょう。

　ご存知のように、仕事でもプライベートでも、「会話」はコミュニケーションの基本。本書は「心が伝わる実践中国語会話」をコンセプトに、日常コミュニケーションの基本表現から、中国で仕事や暮らしを始めて、すぐ必要となる様々な場面でのリアルな会話にこだわりました。特に、本書の「実践編」では日本人の主人公を登場

させ、中国現地での会話を各場面に渡って物語を繰り広げるように仕上げ、臨場感のある会話集を実現しました！皆様も主人公になったつもりで学習されると、一層楽しく身に付けられるでしょう。また、「豆知識」のコーナーも設け、中国の文化や習慣などの実状から、日本と異なる部分に着目しております。現地の人々と、より円滑に交流するための話し方や接し方などを紹介してあります。ご参考になれば幸いです。

　中国語が初めての方も、お忙しい方も、本書の表現はすべて実用的で、そのままお使いになって頂けます。少しずつ覚えながらチャレンジされることが大事だと思います。熱意と心を込めて実践されれば、必ず成果が現れることと信じております。皆様、中国での事業のご成功、生活のご満喫を心から願っております！

　最後になりますが、本書の校閲などにあたり、㈱日中提携社の山本益郎社長、前田茂美様に大いなるご支援・ご協力を受け賜わり、心から深く御礼申し上げます。

　また、生徒代表として松本忠様が「あとがき（学習経験談）」を書いてくださったことを、まことに光栄に思い、心から感謝申し上げます。文章の入力は加藤ローナさんに担当して頂きました。制作・出版に際しては、創英社の三浦義則部長、三協企画の平野太郎編集長、三省堂印刷の田村一紀様、岡田聖平様、風間優吾様に大変お世話になりました。さらに、生徒の皆様をはじめとして、友人の呂芳女史と山田章悟さん、そして家族の協力とサポートを得ることも出来ました。ここに、以上の方々およびこの本に関わったすべての方々へ、心から感謝申し上げます。　　　　　　　　　　謝謝！

平成18年1月吉日

著　者

本書の構成と使い方

本書は「基本編」と「実践編」二部構成になっています。

まず、「基本編」では:

中国語で円滑にコミュニケーションを図るために、もっとも基本的な表現を「最も基本的なあいさつ」や「自己紹介」から「困った時」まで、計11課目に分類し、わかりやすく紹介しています。

網掛け部分の内容はパターン化された重要表現です。

「説明」は重要表現の補足説明です。

「応用」は応用例です。

「ワンポイント」は言葉の使い分けなどの留意点を紹介しています。

本書の「基礎編」は、「実践編」の基礎学習として編集しています。中国語初心者の方の入門には最適です。また、上級者の方の復習としてもお勧めです。重要表現を含め、しっかりと基礎を築きましょう!

次に、「実践編」では:

中国現地での仕事や暮らしにおける最低限必要、かつ重要な場面を「部屋探し」から「日常と食事」や「交通、電話、郵便」、「仕事に関して」、「休日」、「交友」、「健康管理」まで七つのテーマに分け、計32の場面での実践会話を紹介。また、各場面では日本人の主人公(佐藤太郎、中国赴任にさきがけ中国語を習得。)を登場させ、主人公と彼をとりまく中国の人々とのリアルな会話が繰り広げられていきます。それぞれの場面に背景イラストも入っていますので、よりリアルに楽しんで頂けます。

「会話」は各場面で、一つあるいは二つの会話で構成しています。
「単語説明」は会話の中で出てくる単語の意味を説明しています。
「＊」は会話の中で出てくる俗語、慣用語などの解説です。
「すぐ使える常用パターン」は、各場面の会話の中で頻繁に使われる重要表現を抜粋し、和訳を載せ、使い方の説明を加えています。
「豆知識」は中国の文化・習慣を背景に、特に日本と異なるところに着目し、より円滑に交流を行い、ビジネスなどの成果を上げられるよう、中国の人々との話し方や接し方をアドバイス。また、それに関わるキーワードや関連用語も紹介しています。
「実践編」は、「基礎編」で学んだ表現をもとに、はじめから順番に学習していくのもいいですし、上級者の方はご自分に必要なテーマ（場面）を選択してマスターしていってもいいと思います。皆様もぜひ、登場している主人公になりきって、その場の雰囲気を味わいながら覚えていきましょう！また、ご家族の方と一緒に楽しく会話の練習をされることもお勧めします。また、所々に「書き込みメモ」も設けましたので、学習にご活用ください。
本書の会話表現は実用的で、すべて即効性があり、そのまま具体的にすぐ使えるものばかりですので、少しずつ身に付けながら実践されることが大事だと思います。そして、気持ちを込めてチャレンジすれば、必ず伝わることを信じて！

目　次

基　礎　編

第1課　**最も基本的なあいさつ**【最基本的问候语】
　/p2～p4

第2課　**自己紹介**【自我介绍】
　/p5～p6

第3課　**お　礼**【致谢】
　/p7～p8

第4課　**あやまる**【道歉】
　/p9～p10

第5課　**声をかける**【打招呼】
　/p11～p12

第6課　**依頼する**【请求】
　/p13～p15

第7課　**聞き返す**【反复问】
　/p16～p17

第8課 **返 事**【应答】
　/p18 ～ p20

第9課 **基本質問**【基本问句】
　/p21 ～ p23

第10課 **疑問詞付き質問**【带疑问词的问句】
　/p24 ～ p30

第11課 **困った時**【碰到困难】
　/p31 ～ p32

実 践 編

部屋探し

場面1　**不動産会社にて**【在房产公司】
　/p34 ～ p38

場面2　**下見**【预先看房子】
　/p39 ～ p43

場面3　**引っ越しのあいさつ**【搬家问好】
　/p44 ～ p49

場面4　アパート周辺を知る【熟悉公寓周围】
　/p50 〜 p55

日常と食事

場面1　日用品を揃える【配备日常用品】
　/p56 〜 p60

場面2　軽食の店にて【在小吃店】
　/p61 〜 p65

場面3　自炊【自己做饭】
　/p66 〜 p70

場面4　外食【在外面用餐】
　/p71 〜 p75

交通、電話、郵便など

場面1　地下鉄に乗る【乘地铁】
　/p76 〜 p80

場面2　バスに乗る【乘公共汽车】
　/p81 〜 p85

場面3　タクシー【乘出租车】
　/p86 〜 p90

場面 4 電話、携帯電話【电话、手机】
/p91 ～ p95

場面 5 郵便局にて【在邮局】
/p96 ～ p100

場面 6 銀行にて【在银行】
/p101 ～ p105

仕事に関して

場面 1 赴任あいさつ【在新公司打招呼】
/p106 ～ p111

場面 2 社内コミュニケーション【公司内的沟通】
/p112 ～ p117

場面 3 アポイントを取る【事先联络】
/p118 ～ p123

場面 4 会社訪問【公司访问】
/p124 ～ p129

場面 5 会社 PR【介绍自己的公司】
/p130 ～ p135

場面 6 日本料理での接待【宴请日本料理】
/p136 ～ p141

休日

場面1 理髪店へ【去理发店】
/p142～p146

場面2 街を散策する【去街上散步】
/p147～p151

場面3 日本から来た友人の案内【陪同日本来的朋友】
/p152～p157

場面4 お手伝いさんとの会話【与阿姨的对话】
/p158～p163

交友

場面1 日本の紹介【介绍日本】
/p164～p169

場面2 家族の紹介【介绍家属】
/p170～p175

場面3 友人の家に招かれる【去朋友家作客】
/p176～p181

場面4 中国茶を楽しむ【中国茶的乐趣】
/p182～p187

健康管理

場面1 診察を受ける【去看病】
/p188 〜 p192

場面2 薬局にて【去药房】
/p193 〜 p198

場面3 太極拳を習う【学太极拳】
/p199 〜 p203

場面4 中国式あんま【中国式按摩】
/p204 〜 p209

カバーデザイン：浅見デザイン
本文イラスト：王錫炎

基礎編

第1課 最も基本的なあいさつ 【最基本的问候语】
<small>ズイ ジ ベン ダ ウェンホウユイ</small>

【一】日常のあいさつ

◎こんにちは！	你好！你们好！（複数） <small>ニー ハオ　ニー メン ハオ</small>
◎こんにちは！	您好！（丁寧な表現） <small>ニン ハオ</small>
◎お元気ですか？	您好吗？／您身体好吗？ <small>ニン ハオ マー　　ニン シェンティ ハオ マー</small>

説明

*1 "你"は「あなた」、"好"は「良い、元気である」といった意味です。

*2 これらのあいさつは、人に出合ったら気軽に交わす表現です。あらゆる場面（朝、昼、晩の区別なく）で使えます。

*3 "您"は"你"の敬称です。"您"を使うとより丁寧な表現になります。目上の方や初対面の方、年輩の方に用いることが多いです。ビジネスのシーンでもこの表現をお勧めします。

応用

1
- ⓐお元気ですか？　您好吗？／您身体好吗？
  <small>ニン ハオ マー　　ニン シェンティ ハオ マー</small>
- ⓑええ、元気です。どうもありがとう。　很好。多谢！
  <small>ヘン ハオ　ドゥオシエ</small>

2
- ⓐ こんにちは！調子はいかがですか？　您好！一切都好吗？
- ⓑ こんにちは！最近仕事が大変忙しいです。　您好！我最近工作很忙。

3
- ⓐ お久しぶりです。最近はいかがですか？　好久不见。您最近好吗？
- ⓑ おかげ様で順調です。　托您的福，都很顺利。

4
- ⓐ ご家族の皆さんはお元気ですか？　您家里人都好吗？
- ⓑ みんな元気です。ありがとうございます。　都很好，谢谢！

【二】朝、昼、晩のあいさつ

◎おはようございます！	早上好！／您早！
◎こんにちは！	你好！／您好！
◎こんばんは！	晚上好！
◎お休みなさい。	晚安。

【三】別れる時のあいさつ

◎では、また。／さようなら。	再见！(ザイジエン)
◎またのちほどで。	一会儿见！(イホアルジエン)
◎また明日。／また来週。	明天见！／下星期见！(ミンティエンジエン／シアシンチジエン)
◎お邪魔しました。	打扰您了。(ダラオニンラー)
◎お先に失礼します。	那么，我先走了。(ナーマ ウォシエンゾウラー)

◎お気をつけて。	请慢走！(チンマンゾウ)
◎道中ご無事で。	祝您一路平安！(ジウニン イルピンアン)
◎旅が楽しいものになりますよう。	祝您旅途愉快！(ジウニン リュイトウ ユイクアイ)

ワンポイント 　以上の「あいさつ」は一番基礎的なものですので、中国語でのコミュニケーションの「第一歩」として使ってみましょう！

第2課 自己紹介 【自我介绍】
（ズ ウォ ジエ シャオ）

◎私は〜と申します。	我叫〜。／我姓〜。 （ウォ ジャオ（フルネーム））　（ウォ シン（苗字））
◎はじめまして、どうぞ宜しくお願いします。	初次见面，请多多关照。 （チュウツ ジエンミエン チンドゥオドゥオグアンジャオ）
◎日本から来ました。	我是从日本来的。 （ウォ シー ツォンルィ ベン ライ ダ）
◎〜（会社）に勤めております。	我在〜（公司）工作。 （ウォ ザイ　　　ゴンス　ゴンズオ）
◎これは私の名刺です。	这是我的名片。 （ジェ シー ウォ ダ ミン ピエン）

説明　＊以上の表現は初対面の時に基本的な自己紹介のフレーズです。相手に自分の名前を覚えて頂くためには、とりあえず苗字だけの紹介がお勧めです。

応用

1
- ⓐ自己紹介させて頂きます。東方エレクトロニクスの佐藤と申します。
  请允许我自我介绍一下，我是东方电子公司的佐藤。
  （チン ユインシュイウォ ズ ウォジエ シャオイ シア／ウォ シー ドン ファンディエンズ ゴンス ダ ズオテン）

- ⓑはじめまして、私は江南商社の王小鈴と申します。
  您好！我是江南商社的王小玲。
  （ニン ハオ ウォ シー ジアンナン シャンシャーダ ウン シアオリン）

2
- ⓐ はじめまして、どうぞ宜しくお願いします。
  初次见面，请多多关照。 (チュウツ ジエンミエン チン ドゥオドゥオグアンジャオ)

- ⓑ こちらこそ、どうぞ宜しくお願いします。
  也请您多多关照。 (イエ チン ニン ドゥオドゥオグアンジャオ)

3
- ⓐ お会い出来て大変嬉しいです。
  能见到您，我很高兴！ (ネン ジエンダオ ニン ウォ ヘン ガオ シン)

- ⓑ お目にかかるのを楽しみにしておりました。
  我也一直盼着能见到您！ (ウォ イエ イ ジ パン ジャ ネン ジエンダオ ニン)

4
- ⓐ お名前を伺ってもよろしいですか？
  请问，您贵姓？ (チン ウェン ニン グイ シン)

- ⓑ 佐藤と申します。
  我姓佐藤。 (ウォ シン ズオ テン)

ワンポイント

日本人の苗字の中国語読み例：
鈴木、田中、中村、山本、高橋、佐藤 (リンムゥ テェンジョン ジョンツゥン シェンベン ガァオチアオ ズォテン)

第3課 お 礼 【致谢】(ジーシエ)

◎どうもありがとう。　　　　谢谢(你)！／多谢！
　　　　　　　　　　　　　（シエシエニン）　（ドゥオシエ）

◎ありがとうございます。　　谢谢(您)！
　　　　　　　　　　　　　（シエシエニン）

◎本当にありがとうございます。非常感谢！／十分感谢！
　　　　　　　　　　　　　（フェイチャンガンシエ）　（シフェンガンシエ）

◎誠にありがとうございます。真是太感谢了！／实在感谢！
　　　　　　　　　　　　　（ジェンシータイガンシエラー）　（シザァイガンシエ）

◎心から感謝を申し上げます。表示衷心的感谢！
　　　　　　　　　　　　　（ビアオシ ジョシンダ ガンシエ）

◎どういたしまして。　　　　不用谢。／哪里、哪里。
　　　　　　　　　　　　　（ブゥヨンシエ）　（ナーリーナーリー）

◎どうぞご遠慮なく。　　　　您不用客气。
　　　　　　　　　　　　　（ニンブゥヨンカーチ）

説明

*1 お礼の言葉は、そのほかにもバリエーションがあります。とりあえず、以上の基本パターンを覚えて、感謝の気持を込めて使ってみましょう。

*2 "谢々、谢々！"と二回繰り返すと、多少気持ちが強まります。

応用

1.
   - ⓐ ご親切にありがとうございます。
     谢谢您的好意。(シエ シエ ニン ダ ハオ イ)
   - ⓑ どういたしまして。
     不用谢。(ブゥ ヨン シエ)

2.
   - ⓐ いつもお世話になっており、心から感謝を申し上げます。
     一直承蒙关照,我表示衷心的感谢!(イ ジ チェンモン グアン ジャオ ウォ ビアオ シ ジョン シン ダ ガン シエ)
   - ⓑ どういたしまして。
     哪里、哪里。(ナーリー ナーリー)

3.
   - ⓐ お忙しい中出迎えてくださって、恐縮です。
     您从百忙之中来接我,真过意不去。(ニン ツォン バイ マン ジ ジョンライ ジエ ウォ ジェン グオ イ ブゥ チュイ)
   - ⓑ どうぞご遠慮なく。
     您不用客气。(ニン ブゥ ヨン カー チ)

ワンポイント

お世話になったお礼として、中国でお土産などを相手に渡す時は、「これは私の気持です」"这是我的一点心意"(ジェ シー ウォ ダ イ ディエン シン イ)と一言添えると、相手に感謝の気持ちが伝わりやすいです。

第4課 あやまる 【道歉(ダオチエン)】

◎ごめんなさい。／すみません。対不起(ドゥイブウティー)。／抱歉(バオチエン)。

◎大変申し訳ありません。　很対不起(ヘンドゥイブウティー)。／非常抱歉(フェイチャンバオチエン)。

◎本当に申し訳ございません。実在対不起(シザァイドゥイブウティー)。

◎心からお詫び申し上げます。表示由衷的歉意(ビアオシヨウジョンダチエンイ)。

◎構いません。／大丈夫です。没事(メイシ)。／没什么(メイシェンモ)。

◎気にしないでください。　没关系(メイグアンシ)。

◎気になさらないでください。请不要介意(チンブゥヤオジエイ)。

説明

＊1 "対不起"と"抱歉"の区別は、普通に軽くあやまる時には、"対不起"のほうで良いです。"抱歉"はやや上品な感じがあります。

＊2 "対不起、対不起"と二度繰り返すと、多少気持ちが強まります。

応用

1.
   - ⓐ お待たせしてすみません。
   - 对不起，让您久等了。(ドゥイブウ チィーラン ニン ジュウドン ラー)
   - ⓑ 気にしないでください。
   - 没关系。(メイ グアンシ)

2.
   - ⓐ 遅れまして、大変申し訳ありません。
   - 很对不起，我迟到了。(ヘン ドゥイブウ チィー ウォ チー ダオ ラー)
   - ⓑ 構いません。
   - 没事。(メイ シ)

3.
   - ⓐ 弊社の出荷が遅くなり、心からお詫び申し上げます。
   - 我们公司发货晚了，表示由衷的歉意。(ウォメン ゴンス ファ ホオ ワン ラー ビアオ シ ヨウ ジョンダ チエン イ)
   - ⓑ 気になさらないでください。
   - 请不要介意。(チン ブゥ ヤオ ジエ イ)

ワンポイント

あやまる言葉は、中国の習慣では日本と比べて、頻繁に使われません。必要な時には、それらの実情をふまえて使ったほうが良いと思います。但しビジネスの場合は、何か問題などが生じた時には素直に謝ったほうが無難です。

第5課 声をかける 【打招呼(ダ ジャオフゥ)】

◎あのう、〜。／すみません、〜。 对不起(ドゥイブウ チー)，〜。／你好(ニー ハオ)！〜。

◎ちょっとお聞きしますが、〜。 请问(チン ウェン)，〜。／你好(ニー ハオ)！〜。

◎ちょっとお尋ねしますが、〜。 请问(チン ウェン)，〜。／你好(ニー ハオ)！〜。

◎ちょっとお伺いしますが、〜。 请问(チン ウェン)，〜。／你好(ニー ハオ)！〜。

◎お手数ですが、〜。 麻烦您(マ ファンニン)，〜。

◎恐れ入りますが、〜。 不好意思(ブゥハオ イ ス)，〜。

◎もしもし、〜。 喂(ウェイ)，〜。

説明

*1 何かを尋ねる前には、先に"请问"や"你好"と声をかけたほうが丁寧です。

*2 "麻烦您"の多くは、何かをお願いする時に使います。

応用

1. すみません、ちょっと通してください。
   （混雑したバス、列車、デパートなどで）

   対不起，请让我过一下。
   (ドゥイブゥ ティーチン ラン ウォ グオ イ シア)

2. ちょっとお尋ねしますが、王府井へ行くにはどう行ったらいいでしょうか？

   请问，去王府井怎么走？
   (チン ウェン チュイワン フ ジン ゼン モ ゾウ)

3. お手数ですが、タクシーを一台呼んで頂けますか？

   麻烦您，帮我叫1辆出租车，好吗？
   (マ フェンニン バン ウォ ジアオ イ リャンチュウズゥ チャー ハオ マー)

ワンポイント

①相手の呼び方に関しては様々です。一般的には：
- 男性の場合→姓+先生，女性の場合→姓+女士/姓+小姐
- ウェイター→服务员，ウェイトレス→服务员/小姐

②ビジネス上では、姓の後に相手の肩書を付けることが一般的です。
例えば：劉社長→刘总经理、陳課長→陈科长

第6課 依頼する 【请求】チンチュウ

【一】勧める表現として

◎どうぞ、〜してください。 请〜。

説明

＊"请"というのは、様々な場面で使います。単独でも、「どうぞ」という意味を指します。こちらの"请"は英語の「please」と似たような感じです。

応用

1. どうぞ、おかけください。　　请坐！

2. どうぞ、お入りください。　　请进！

3. どうぞ、そのままで。　　请留步。
（見送りの時）

4. どうぞ、食べてください。　　请吃。
　　どうぞ、召し上ってください。　请用（餐）。

5. お茶をどうぞ。　　请喝茶。

6. どうぞ、楽にしてください。　请随便一点。

7. どうぞ、お体を大切に。　　请保重身体。

【二】頼む表現として

◎（私に）〜を下さい。 （注文など）	请给我〜。
◎〜してください。	请〜。
◎一つお願いがあるのですが、〜。	我想求您一件事,〜。
◎〜して頂けますか？	（请）帮我〜,好吗？
◎〜をお願いします。 〜を頼みます。	请您〜。／〜,麻烦您〜。 〜,拜托您〜。

説明

＊1 頼む表現は相手に単純に「もの」を頼む場合（特に注文など）と、相手に「何かをしてもらう」場合の両方があります。

＊2 この表現はお願いする時によく使われます。

応用

1. コーヒーを一杯下さい。　　请给我1杯咖啡。

2. この商品を見せてください。　请给我看々这个商品。

3. お願いしたいことがあるのですが、よろしいでしょうか？　我有点事想求您,不知行吗？

4. お手数ですが、荷物を運んで頂けますか？	麻煩您，幫我搬一下行李，好嗎？ <small>マ フェンニン バン ウォ バン イ シア シン リ, ハオ マー</small>
5. この案をもう一度ご検討お願いします。	请您再考虑一下这个方案。 <small>チン ニン ザァイカオ リュイイ シア ジェ カ ファンアン</small>
6. では、報告書の作成を頼みます。	这个报告，拜托您写一下。 <small>ジェ カ バオガオ バイ トゥオニン シエ イ シア</small>

ワンポイント

依頼表現は、ビジネスでもよく使われます。例えば、"请～。"の後に、更に"拜托了。"を付け加えると少し強調になります。

書き込みメモ

第7課 聞き返す 【反复问】フゥン フ ウェン

◎すみません、なんとおっしゃいましたか？
对不起,您说什么?
ドゥイブゥ ティー ニン シュオシェンマー

◎すみません、はっきり聞き取れませんが…。
对不起,我没有听清楚。
ドゥイブゥ ティー ウォ メイ ヨオ ティンチン チュウ

◎すみません、よく聞こえないのですが…。
对不起,我听不见。
ドゥイブゥ ティー ウォ ティンブゥ ジエン

◎申し訳ありませんが、もう少しゆっくりお願いします。
对不起,请您说慢一点。
ドゥイブゥ ティー チン ニン シュオマン イ ディエン

◎恐れ入りますが、もう一度お願いします。
不好意思,请您再说一遍。
ブゥハオイ ス チン ニン ザイシュオイ ビエン

◎申し訳ありませんが、もう少し大きい声でお願いします。（電話などで）
对不起,请您说大声一点。
ドゥイブゥ ティー チン ニン シュオダァ シェンイ ディエン

説明

＊"听"は「聞く」、"说"は「話す」という意味です。

応用

1.
   - ⓐ 恐れ入りますが、さっきのお話をよく聞き取れませんでした。
     不好意思，刚才您说的话，我没有听清楚。
   - ⓑ すみません。ではもう一度お話ししましょう。
     抱歉。我再说一遍吧。

2.
   - ⓐ 中国語はまだ初心者なので、お手数ですが紙に書いて頂けますか？
     我刚学中文。麻烦您写在纸上，好吗？
   - ⓑ はい、いいですよ。
     好的。

ワンポイント

まだ慣れない中国話で会話をすると、やはり相手の言っていることが聞き取れないことが多いようです。特にビジネスの場合は、仕事にも影響しかねません。重要な話を聞き取れなかった場合、その場の雰囲気やタイミングを見極め、丁寧な表現を使ってそのことを伝えましょう。また、「応用2」のように、相手に書いて頂く手もあります。

第8課 返　事【应答(インダー)】

【一】「～ですか」に対する返事

> Ⓐ～ですか？　　　　　　～，是 吗？／是 ～ 吗？
>
> Ⓑはい、そうです。　　　是（的）。
> 　いいえ、違います。　　不 是。

説明

＊"是"は「～である」といった肯定の意味で、「Yes」に相当します。"不"は否定の意味で、「No」に相当します。

応用

1
- ⓐ佐藤さんは日本人ですか？　　佐藤先生是日本人吗？
- ⓑはい、そうです。　　是的。

2
- ⓐ中達貿易会社の佐藤さんですか？　　您是中达贸易公司的佐藤先生吗？
- ⓑいいえ、違います。私は東方エレクトロニクスの佐藤です。　　不是。我是东方电子公司的佐藤。

【二】「わかったかどうか」に対する返事

Ⓐ〜はわかりましたか？	〜明白了吗？
Ⓑはい、わかりました。	明白了。
いいえ、わかりません。	不明白。

説明

*1 この表現は一番基本的な表現です。ほかのバリエーションもあります。

*2 例えば、少しわかってもはっきりしない場合は、〔応用〕を参照してください。

応用

ⓐ 先ほどの説明はおわかりになりましたか？ 　剛才的説明,您明白了吗？

ⓑ すみません、まだはっきりとわかりません。 　対不起,我还不太明白。

【三】確認を求められた時の返事

Ⓐ〜はその通りですか？	〜,対吗？／〜,正确吗？
Ⓑはい、その通りです。	対（的）。
いいえ、違います。	不対。

説明

＊この表現は「同意と反対」にも使えます。「応用3」を参照してください。

応用

1.
   ⓐこの見積りは正しいですか？
   这个预算，正确吗？
   (ジェガ ユイスアン ジェンチュエマー)

   ⓑいいえ、一箇所だけ数字が違います。
   有一个地方数字不对。
   (ヨウイガ ディファン シュズ ブゥドゥイ)

2.
   ⓐ部長の意見、どう思われますか？
   部长的意见，您认为怎么样？
   (ブゥジャンダ イ ジエン ニン レン ウェイゼン モ ヤン)

   ⓑ部長の言う通りです。私もそう思います。
   对的。我也是这么想。
   (ドゥイダ ウォ イエ シー ジェ モ シアン)

3.
   ⓐこの提案に賛成しますか？
   这个方案，您赞成吗？
   (ジェガ ファンアン ニン ザンチョンマー)

   ⓑいいえ、意見を保留させてください。
   我有保留意见。
   (ウォ ヨウ バオ リュウイ ジエン)

ワンポイント

①中国語では相手の意見などに反対する場合、"反对"や"不同意"、"不赞成"などで表現します。
②相手に意見などを聞かれた時は、中国でははっきりと意思を伝えるのが普通です。但し、ビジネスや商談などの場合は、相手の「面子」も考慮して、言葉を慎重に選びましょう。

第9課 基本質問 【基本问句】
ジベンウェンジュイ

【一】「ある（空いている）かどうか」を尋ねる

◎〜はありますか？	有 〜 吗？／有 没 有 〜？ ヨウ マー　ヨウ メイ ヨウ
◎〜は空いていますか？	〜 空 吗？ コン マー

説明

＊"有"は日本語の「持っている」や「〜がある」、「〜がいる」という広い意味で使われます。"没"は"不"と同様に否定の意味です。

応用

1
- ⓐ ちょっとお聞きしますが、この近くにコンビニはありますか？
  请 问，这 附 近 有 便 利 商 店 吗？
  チン ウェン ジェ フ ジン ヨウ ビエン リ シャンディエン マー
- ⓑ はい、あります。
  有 的。
  ヨウ ダ

2
- ⓐ すみません、この席は空いていますか？
  对 不 起，这 个 座 位 空 吗？
  ドゥイブゥ チィー ジェ ガ ズオ ウェイ コン マー
- ⓑ 空いていません。
  不 空（有 人）。
  ブゥ コン ヨウ レン

21

【二】程度を尋ねる

◎〜はどのくらいかかりますか？ 有多少〜？／要多少〜？
（ヨウ ドゥオシャオ）　（ヤオ ドゥオシャオ）

◎〜はいくらですか？ 〜多少钱？
（ドゥオ シャオチエン）

説明
＊この表現は程度や分量などを尋ねる質問です。金額を聞くのによく使われます。そのほか時間や距離、人数などにも使えます。

応用

1.
ⓐ すみません、この茶器セットはおいくらですか？
请问,这套茶具多少钱？
（チン ウェン ジェ タオ チャ ジュイ ドゥオシャオチエン）

ⓑ 250元です。
250元。
（リャンバイウシ ユアン）

2.
ⓐ すみません、御社の社員は何人くらいですか？
请问,贵公司有多少职工？
（チン ウェングイ ゴンス ヨウ ドゥオシャオジ ゴン）

ⓑ 800人ぐらいです。
800人左右。
（ババイ レン ズオ ヨウ）

【三】「必要かどうか」を尋ねる

◎～はほしいですか？	要 ～ 吗？／要 不 要 ～？
◎～はいりますか？	要 ～ 吗？／要 不 要 ～？

説明

＊"要"は「ほしい、必要だ」の意味で、"不要"は「いらない」という意味です。

応用

1.
- ⓐ すみません、コーヒーにお砂糖はいりますか？ 请问，您的咖啡要不要加糖呢？
- ⓑ いりません、どうもありがとう。 不要，谢谢！

2.
- ⓐ このサンプルはほしいですか？ 请问，您要这个样品吗？
- ⓑ ええ、頂けると嬉しいです。 能给我最好。

ワンポイント

この質問は、比較的ストレートな表現なので、丁寧な口調で話しましょう。

第10課 疑問詞付き質問 【带疑问词的问句】
<small>ダイ イ ウェンツー ダ ウェンジュイ</small>

【一】 どなた (谁 / 哪一位)
<small>シェイ ナーイウェイ</small>

◎～はどなたですか？	～是谁？／谁是～？
◎～はどなたの～ですか？	～是谁的～？

説明

＊この質問表現を使う前に、まず中国語の人称代名詞を知っておきましょう：

日本語	中国語（単数）	中国語（複数）
私(の)	我(的)	我们(的)
あなた(の)	你(的)／您(的)	你们(的)／您们(的)
彼(の)／彼女(の)	他(的)／她(的)	他们(的)／她们(的)

応用

1.
 ⓐ この女性はどなたですか？ 请问，这位女士是谁？
 ⓑ 彼女は私の同僚です。 她是我的同事。

2.
 ⓐ これはどなたのボールペンですか？ 这是哪一位的圆珠笔？
 ⓑ 私のボールペンです。 这是我的圆珠笔。

【二】何（什么）

◎これ（それ）は何ですか？　这（那）是什么？

◎〜、何か〜ですか？　　〜什么〜吗？

説明

＊1 代名詞の"这"は「これ」の意味で、"那"は「それ、あれ」の意味です。

＊2 この質問表現には多くのバリエーションがあります。ここでは基本の二つを覚えましょう。

応用

1
- ⓐすみません、それは何ですか？　请问，那是什么？
- ⓑそれは宮殿の遺跡です。　那是宫殿的遗址。

2
- ⓐすみません、何かご用ですか？　对不起，您有什么事吗？
- ⓑいいえ、ありません。　没有。

【三】どこ (哪里 / 什么地方)

◎〜はどこですか？　　〜在哪里？ / 〜在什么地方？

◎どこへ〜？　　〜去哪里？ / 〜去什么地方？

説明

*1 "哪里"と"什么地方"は疑問詞で、どちらとも「どこ」の意味です。

*2 "这里"は「ここ」、"那里"は「そこ、あそこ」の意味です。

応用

1
- ⓐ すみません、洗面所はどこですか？　请问，洗手间(厕所)在哪里？
- ⓑ あそこです。(方向を指す)　在那里。

2
- ⓐ これからどこへ案内して頂けますか？　您要带我们去什么地方呢？
- ⓑ 万里の長城です。　去万里长城。

【四】いつ（什么时候）
シェンモ シホウ

◎〜はいつですか？　　　〜 是 什 么 时 候？
シー シェンモ シ ホウ

◎〜は何時ですか？　　　〜 是 几 点 钟？
シー ジ ディエンジョン

◎〜は何曜日ですか？　　〜 是 星 期 几？
シー シンチ ジー

説明

*1 日付、曜日、時間などの言い方は表でまとめてありますので、少し勉強しておきましょう。

*2 "是"の代わりに"从"もよく使われる言葉で、「〜から」という意味です。

日	中	中(数え方)
年	年 (ニエン)	〜年 (ニエン)
月	月 (ユエ)	〜个月 (ガユエ)
日	日(号) (ルィ ハオ)	〜天 (ティエン)

日	中	中(数え方)
〜時	〜点 (ディエン)	〜个小时 (ガ シアオ シ)
〜分	〜分 (フェン)	〜分钟 (フェンジョン)
〜秒	〜秒 (ミアオ)	〜秒钟 (ミアオジョン)

日	曜日	月	火	水	木	金	土	日
中	星期 (シンチ)	一 (イ)	二 (アル)	三 (サン)	四 (ス)	五 (ウ)	六 (リュウ)	天 (ティエン)

日	中
昨日	昨天 (ズオティエン)
今日	今天 (ジンティエン)
明日	明天 (ミンティエン)

応用

1.
   - ⓐ 今度の展示会はいつからですか？
   - ⓑ 10月6日からです。

   下次的展览会，从什么时候开始？

   10月6号。

2.
   - ⓐ お尋ねしますが、明日の朝食は何時からですか？
   - ⓑ 朝の7時30分からです。

   请问，明天的早餐从几点开始？

   从早上7点30分开始。

3.
   - ⓐ すみません、今日は何曜日ですか？
   - ⓑ 今日は土曜日です。

   请问，今天是星期几？

   今天是星期六。

【五】どのように (怎么<ゼンモ>)

◎~はどう~のですか？　　请问，~ 怎么 ~（呢）？

説明
＊この質問表現は方法、やり方などを尋ねる時に使います。
"怎么"の代わりに"怎样"も使えます。

応用

1
ⓐすみません、北京飯店はどう行ったらいいのですか？
请问，去北京饭店怎么走？

ⓑここから真っ直ぐ行けばいいです。
从这一直往前走。

2
ⓐお聞きしますが、この料理はどうやって食べるのですか？
请问，这个菜怎么吃呢？

ⓑ先にウーロン茶で手を洗ってから、そのまま素手でお召し上がりください。
请先用乌龙茶洗手，再吃。

【六】なぜ(为什么)

◎~はなぜ(どうして)~ですか? ～为什么～呢?

◎~、なぜ(どうして)ですか? ～,是为什么呢?

説明　*この二つの質問表現は理由などを尋ねる時に使います。

応用

1
- ⓐ彼はなぜ来なかったのですか? 他为什么没来呢?
- ⓑ急用が出来たみたいです。 好像他有急事。

2
- ⓐ山本さんが中国に定住しているのは、どうしてですか? 山本先生在中国定居,是为什么呢?
- ⓑ中国には仕事で来ています。 因为,我是来中国工作的。

第11課 困った時 【碰到困难】(ペンダオクンナン)

【一】紛失

◎すみません、私の荷物が見当らないのですが…。	对不起，我的行李找不到了。(ドゥイブチィー ウォダ シンリ ジャオブゥ ダオラー)
◎すみません、パスポート(財布)を無くしてしまったのですが…。	对不起，我的护照(钱包)丢了。(ドゥイブチィー ウォダ フゥジャオ チエンバオ ディウラー)
◎お手数ですが、探して頂けますか。	麻烦您，帮我找一下吧。(マ フェンニン バン ウォ ジャオイ シア バー)

【二】道に迷う

◎すみません、道に迷ってしまって…。	对不起，我迷路了。(ドゥイブゥ チィー ウォ ミイ ルー ラー)
◎ここはどこですか？	请问，这里是什么地方？(チン ウェン ジュ リ シー シェンモ ディ ファン)
◎私の住所は〜です。(ホテル・滞在先の住所を見せる)	我住在〜。(ウォ ジュウザイ)

【三】急病

◎あのう、具合（気分）が悪いのですが…。	我觉得身体不舒服。 ウォ ジュエダ シェンティ ブゥ シュウフ
◎持病の高血圧が急に悪化しました。	我的高血压老毛病又犯了。 ウォダ ガオ シュエア ラオ マオ ビン ヨウ ファンラー
◎お手数ですが、お医者さんを呼んで頂けますか？	麻烦您，帮我叫一下医生吧。 マ ファンニン バン ウォ ジャオ イ シア イ シェンバー

【四】トラブルに巻き込まれる

◎何するのだ？早く警察を呼んで！	干什么？快叫警察！ ガン シェンモ クアイジャオジン チァ
◎助けて！緊急です！	救命！有紧急情况！ ジュウミン ヨウ ジン ジ チン クアン

ワンポイント

①困った時には、中国語でうまく表現出来ない可能性が高いです。そのような時は "有谁会 说 日语 吗？"（ヨウ シエホイ シュオルイユイ マー）「日本語を話せる人はいますか？」と周りに尋ねてみたほうが、問題の解決が早くなるでしょう。

②万一、トラブルに巻き込まれた時のために、中国の警察の番号 "110" を覚えておきましょう。また、大使館などの電話番号を事前にメモしておくことも大事だと思います。

実践編

主な登場人物

佐藤太郎
本書の主人公。最近中国へ赴任となった。現地での仕事に積極的に取り組もうとしている。

趙社長
佐藤さんが赴任となった日中合弁企業の社長。

陳さん
佐藤さんの友人。佐藤さんの会社の提携先に勤務している。

場面 1 不動産会社にて 【在 房 产 公 司】
(ザァイファンチャンゴンス)

会話

【佐藤さんは賃貸アパートを借りるため、街の不動産会社を訪ねます。そこで、李さんが応対します。】

1
- 佐藤さん：すみません、部屋を探したいのですが。
  ニー ハオ ウォ シアンジァオファンズ
  你 好！我 想 找 房 子。
- 李さん：賃貸ですか？
  ニン シー シアンズゥ ファンズ マー
  您 是 想 租 房 子 吗？

2
- 佐藤さん：はい、アパートを借りたいです。
  シー ダ ウォ シアンズゥ ゴン ユイ ファンズ
  是 的，我 想 租 公 寓 房 子。
- 李さん：大きさは？
  ニン シアンズゥ ドゥオダァ ダ
  您 想 租 多 大 的？

部屋探し

3
- 佐藤さん：「1LDK」くらいです。
- 李さん：ご希望はどんな地域ですか？

<ruby>小<rt>シアオ</rt></ruby><ruby>套<rt>タオ</rt></ruby>*1<ruby>的<rt>ダ</rt></ruby>。
<ruby>您<rt>ニン</rt></ruby><ruby>希<rt>シ</rt></ruby><ruby>望<rt>ワン</rt></ruby><ruby>是<rt>シー</rt></ruby><ruby>什<rt>シエン</rt></ruby><ruby>么<rt>モ</rt></ruby><ruby>地<rt>ディ</rt></ruby><ruby>段<rt>ドウン</rt></ruby><ruby>的<rt>ダ</rt></ruby>？

4
- 佐藤さん：交通が便利なところがベストですが、ありますか？
- 李さん：はい、ございます。お調べしますので、少々お待ちください。

最好是交通比较方便的地段，有吗？

有的。我查一下，请稍等。

5
- 佐藤さん：お手数をかけて、すみません。
- 李さん：調べたところ、ご希望に適うところが二箇所あります。

给您添麻烦了。

我查到了，符合您要求的房子有2个地方。

6
- 佐藤さん：どんなところですか？
- 李さん：一箇所は、住宅街にあり、もう一箇所は繁華街にあります。両方とも地下鉄の駅に近いです。

是什么地方呢？

一个地方是在住宅区*2，另一个地方是在闹市区*3。都离地铁车站很近。

7	佐藤さん：どうもありがとう。では住宅街のほうを紹介して頂けますか？	谢谢！那么，请您给我介绍一下住宅区的房子，好吗？
	李さん：はい、そちらは6階建てで築5年、管理人付きのアパートです。	那处房子是6层楼，造了5年，是带门卫管理的公寓*4。
8	佐藤さん：家賃はいくらですか？	请问，租金是多少呢？
	李さん：内装、家具などにもよりますけど、だいたい月3000元前後ですね。	根据装修，家具有所不同，1个月是3,000元左右吧。
9	佐藤さん：ご案内して頂けますか？	能带我去看看吗？
	李さん：はい、一緒に見に行きましょう！	好的。我们一起去看吧！

*1 小套→小さいタイプの部屋。日本の「1LDK」に相当する。
*2 住宅区→住宅街
*3 闹市区→繁華街
*4 带门卫管理的公寓→ガードマン、管理人付きのアパート（マンション）。

部屋探し

単語説明

1. 房子　【名】部屋
2. 找　　【動】探す
3. 公寓　【名】アパート
4. 租　　【動】借りる
5. 地段　【名】地域
6. 交通　【名】交通
7. 方便　【形】便利である
8. 查　　【動】調べる
9. 符合　【動】適う
10. 要求　【名】希望、リクエスト
11. 车站　【名】駅
12. 近　　【形】近い
13. 造　　【動】建てる
14. 带　　【動】連れる
15. 看　　【動】見る
16. 去　　【動】行く

すぐ使える常用パターン

1. 你好！我想 ～。 （ニー ハオ ウォ シアン）	すみません、～たいのですが。 （自分のしたいことや希望することを相手に伝える表現）
2. 最好是 ～。 （ズイ ハオ シー）	～がベストです。 （自分が理想とする条件などを相手に伝える表現）
3. 给您添麻烦了。 （ゲイ ニン ティエン マ フアンラー）	お手数をかけて、すみません。 （"麻烦"は「面倒」、"添"は「付け加える」の意味で、実際には感謝の意を込める表現）
4. 请您给我介绍一下 ～, 好吗？ （チン ニン ゲイ ウォ ジエ シャオ イー シア ハオ マー）	～を紹介して頂けますか？ （～を紹介して欲しい時の表現。いろいろな場面で使えます）

豆知識：中国現地の賃貸事情

　最近、中国では高度経済発展によって、人々の居住クオリティーが向上しつつあります。外国資本の参入や合弁企業の急増により、それに対応するアパートやマンションも少なくありません。

　不動産屋さんは、都会では日本のように道路沿いに多くありますので、長期滞在する人が気軽に訪ねるのに便利です。賃貸アパートは、一般向けの物件と、外国人向けの物件があります。一般向けの物件の設備は日本のアパートと似たような感じで、家賃はだいたい日本の３分の１から２分の１ぐらいです。一方、外国人向けの物件の設備やセキュリティなどはすべて一流にこだわり、家賃も比較的高いです。まめに足を運べば、もしかしたら広くて、駅にも近く、割安の部屋を見つけられるかもしれません。

書き込みメモ

場面2 下見 【预先看房子】

会話

【不動産会社の李さんは、先ほど紹介したアパートの物件を佐藤さんに案内します。】

1. 李さん：着きました。このアパートです。
   到了，是这栋公寓。

   佐藤さん：周りの環境がいいですね！
   周围的环境真好！

2. 李さん：これからご覧になる部屋は603室です。
   现在要带您去看的是603室。

   佐藤さん：エレベーターはありますか？
   有电梯吗？

3
- 李さん ：あります。(エレベーターに乗って部屋へ) どうぞ、お入りください。

  有的。请进！

- 佐藤さん：なんと素敵な部屋でしょう！家具付きですか？

  多漂亮的房间呀！家具都配好了？

4
- 李さん ：ここはリフォームしたばかりで、家具なども大家さんが揃えてくれました。

  这里重新装修*1过了，家具是房东*2配的。

- 佐藤さん：全部で何平米（m²）ありますか？

  一共有多少平方米？

5
- 李さん ：65平米（m²）ぐらいです。

  大概是65平方米。

- 佐藤さん：日本の「1LDK」と比べたら、ゆったりしている気がしますね。

  比日本的小套，感觉上宽敞一点。

部屋探し

6
- 李さん：この物件はリビングが広いのが特徴です。
  是啊，这套房子的特点是起居室很宽敞。
- 佐藤さん：寝室は南向きですか？ベランダも付いていますし…。
  这个寝室是朝南吗？还有1个阳台呢。

7
- 李さん：はい、南向きですよ。キッチンは少し狭いですけど、都市ガスは通っています。
  是朝南的。厨房比较窄，但是，有管道煤气*3。
- 佐藤さん：独立したキッチンなので、調理する時の匂いなども気にならなくていいです。
  独立式的厨房好，做菜时的气味不会跑出去。

8
- 李さん：最後はバスルーム、トイレをご覧ください。
  最后，请看一下浴室和洗手间。
- 佐藤さん：まあまあですね。
  还可以。

9 {
- 李さん ：ご感想はいかがですか？
  看下来的感想，怎么样？
- 佐藤さん：大変気に入りました。(いつ引っ越しが出来ますか？)
  很满意。（请问，什么时候能搬进去呢？）

10 {
- 李さん ：手続きが済めば、すぐ越せますよ。
  办完手续，就可以搬了。
- 佐藤さん：明日にでも契約をお願いします。
  明天我来签合同，拜托了。

*1　重新装修→リフォームする
*2　房东→大家さん
*3　管道煤气→都市ガス

単語説明

1.	到	【動】着く	9.	家具	【名】家具
2.	栋	【名】棟(建物を数える)	10.	装修	【動】内装する
3.	周围	【名】周り	11.	宽敞	【形】広々としている
4.	环境	【名】環境	12.	窄	【形】狭い
5.	电梯	【名】エレベーター	13.	感觉	【動】〜のような気がする
6.	漂亮	【形】素敵な	14.	气味	【名】匂い
7.	房间	【名】部屋、室	15.	感想	【名】感想
8.	配	【動】揃える	16.	满意	【形】気に入っている

部屋探し

すぐ使える常用パターン

1. 多漂亮的 ~ 呀！
   ドゥオ ピアオリアンダ ヤー

   なんと素敵な〜でしょう！
   (直感などの感想を述べる表現)

2. 比日本的 ~，感覚上 ~。
   ビィ ルイ ベン ダ　ガン ジュエシャン

   日本の〜と比べて、〜な気がします。(日本の情況や事柄などと比べる時、ソフトな表現)

3. ~ 感想，怎么样？
   ガン シアン ゼン モ ヤン

   〜について、ご感想はいかがですか？
   (相手に感想を求める表現)

4. 很満意。非常感谢！
   ヘン マン イ　フェイチャンガン シエ

   大変気に入りました。本当にありがとうございます。
   (「とても気に入った」という感想を伝える表現)

豆知識：中国の賃貸アパートの特徴

中国の賃貸アパートでは、日本と比べて家具や電化製品などが備え付けられている部屋が多いです。その点、日本から中国で長期滞在する方には、大変便利だと思います。また、部屋全体も日本よりややゆったり造ってありますので、快適に過ごせるようになっています。

各部屋の名前の意味：
① 起居室（チィージュイ シ）→リビングルーム　　② 寝室（臥室）（ウォ室）→寝室
③ 厨房（チュウファン）→台所、キッチン　　　　④ 浴室（ユイ シ）→浴室、バスルーム
⑤ 洗手間（衛生間）（シ ショウジエン ウェイシエンジエン）→トイレ　　⑥ 阳台（ヤン タイ）→ベランダ

場面 3 引っ越しのあいさつ 【搬家问好(バンジアウェンハオ)】

会話 I 【佐藤さんは無事に賃貸契約が済み、引っ越しの前日に大家さんの"黄太太"の所へあいさつに行きます。】

1
- 李さん ：この方が大家さんのマダム黄です。
  这位是房东黄太太*1。
  (ジェ ウェイシー ファンドン ホアンタイタイ)

- 佐藤さん：はじめまして、佐藤です。日本から来ました。
  初次见面,我姓佐藤。从日本来的。
  (チュウツ ジエンミエン ウォ シン ズオ トンツォン ルイベンライダ)

部屋探し

2
- マダム黄：ようこそ。このアパートを気に入って頂いて、嬉しいです。
  欢迎。您能看中*2这个公寓，我很高兴。
- 佐藤さん：これは日本の土産で、ささやかな気持です。
  这是我从日本带来的礼物，表示一点心意。

3
- マダム黄：あら、すみませんね。
  不好意思。
- 佐藤さん：明日、こちらへ引っ越す予定です。今後とも宜しくお願いします。
  明天，我准备搬过来了。今后，请多々关照。

4
- マダム黄：どういたしまして、何か困ったら、李さんや管理人の張さんにご連絡ください。
  哪里、哪里。遇到什么事，请与小李、管理员的老张多联络。
- 佐藤さん：わかりました、そうさせて頂きます。
  明白了，我会的。

5
- マダム黄：ここでの暮らしが快適でありますように。
  希望佐藤先生能在这里生活地舒适。
  （シーワンズオテン シエンシエンネン ザイジェリ シェンホオダ シュウシ）
- 佐藤さん：ありがとうございます。
  谢谢！
  （シエシエ）

会話 II

【引っ越しを終えた翌日、佐藤さんは近所へあいさつに回ります。この会話は隣の602号室の方へのあいさつです。】

1
- 佐藤さん：こんにちは！（ドアのベルを押す）
  您好！
  （ニンハオ）
- 孫さん：何かご用ですか？
  有什么事吗？
  （ヨウシエンモ シ マー）

2
- 佐藤さん：はじめまして、隣の603号室に引っ越してきた佐藤です。
  初次见面，我是刚搬到隔壁603室的佐藤。
  （チュウツ ジエンミエン ウォ シー ガン バンダオ ガビ リュウリンサン シ ダ ズオトン）
- 孫さん：こんにちは！孫です。
  您好！我姓孙。
  （ニンハオ ウォシン スゥン）

部屋探し

3
- 佐藤さん：昨日、引っ越しの際にお騒がせしまして、本当に申し訳ありません。

  <small>ズオ ティエン ザァイバン ジア シ ジン チャオニン メン ラ シ ザァイドゥイブチィー</small>
  昨天，在搬家时惊吵您们了，实在对不起。

- 孫さん：気にしないでください。家に犬がいるので、時々うるさいですよ。

  <small>メイ グアンシ ウォ メン ジア ヨウ イ ティアオ ゴウ ヨウ シ イエ ヘン チャオ ダ</small>
  没关系。我们家有一条狗，有时也很吵的。

4
- 佐藤さん：今後とも宜しくお願いします。おじゃましました。

  <small>ジン ホウ チン ドゥオドゥオグアンジャオ ダ ラオ ラー</small>
  今后，请多多关照。打扰了。

- 孫さん：こちらこそ、宜しくお願いします。

  <small>イエ チン ドゥオドゥオグアンジャオ</small>
  也请多多关照。

---

*1 黄太太→"太太"は「奥さま」の意味。ここでは「女性オーナー」を指す。
*2 看中→"看"は「見る」、"中"は「的中」。ここでは「気に入る」。

単語説明

1. 搬家　【名】引っ越し
2. 来　　【動】来る
3. 高兴　【形】嬉しい
4. 礼物　【名】お土産、贈り物
5. 心意　【名】心、気持ち
6. 准备　【動】準備する
7. 联络　【動】連絡する
8. 遇到　【動】出くわす
9. 会　　【動】〜が出来る
10. 生活　【名】生活、暮らし
11. 舒适　【形】快適である
12. 事　　【名】こと
13. 搬(家)【動】運ぶ、引っ越しする
14. 惊吵　【動】騒がす
15. 狗　　【名】犬
16. 吵　　【形】うるさい

すぐ使える常用パターン

1. 您能看中〜，我很高兴。	〜を気に入って頂いて嬉しいです。（相手に物や人などを気に入って頂いて、嬉しい気持ちを表す表現）
2. 明白了，我会的。	わかりました。そうさせて頂きます。（相手の言うことに対して、その通りにする意思を伝える表現）
3. 初次见面，我是刚搬到〜室的〜。	はじめまして、〜号室に引っ越してきた〜です。（近所へのあいさつで一番基本的な表現）
4. 昨天，在搬家时惊吵您们了，实在对不起。	昨日、引っ越しの際にお騒がせしまして、本当に申し訳ありません。（引っ越しの際に、近所に物音を立てたことに対するお詫びの表現）

部屋探し

豆知識：引っ越しのあいさつ

　中国でも日本と同じように、引っ越しの前後に大家さんや近所の方、管理人さんにあいさつするのが普通です。特に自分が住む部屋の隣や真上、真下の階の方には、あいさつに行かれたほうが良いと思います。その後のトラブル予防にもなるでしょう。
　とにかく、地域に溶け込む気持ちを持って、近所の方々とも積極的に会話を交わしていけば、歓迎されることは間違いないと思います。

書き込みメモ

場面 4　アパート周辺を知る　【熟悉公寓周围】
シュウ シ ゴンユイジョウウェイ

会話　【佐藤さんは引っ越しの後、管理人の張さんからアパート周辺のことを教えて頂きます。】

1
- 佐藤さん：こんにちは！張さん、お忙しいですか？
  老张，您好！现在忙吗？
  ラオ ジャン ニン ハオ　シエンザイマン マー

- 張さん：いいえ。何かご用があれば、遠慮なくおっしゃってください。
  不忙。您有什么事，尽管说吧。
  ブゥ マン ニン ヨウ シエン モ シ ジン グアン シュオ バー

部屋探し

2.
- 佐藤さん：ここに引っ越したばかりで、周辺のことを教えて頂きたいのですが…。

  我刚搬到这里来，想请教一下这公寓周围有些什么。

- 張さん：そうですか、中国語はどれくらいご存知ですか？

  是吗？您会多少中文[*1]呢？

3.
- 佐藤さん：日本の夜学校で1年勉強しました。

  我在日本的夜校学了1年中文。

- 張さん：だいたい聞き取れますね。

  大概能听懂吧。

4.
- 佐藤さん：ゆっくり話してくださるなら大丈夫です。

  如果说得慢一点，没问题。

- 張さん：それでは、ゆっくりご紹介しましょう。

  那么，我慢慢地给您介绍吧。

	佐藤さん：	お手数をかけて、すみません。	给您添麻烦了。 ゲイ ニン ティエン マ フェン ラー
5	張さん：	いいえ。まず、この和平アパート正面玄関の斜め前にコンビニがあります。	没关系。首先，在这和平公寓大门的斜对面，有一家便利商店。 メイ グアン シ ショウ シエン ザイ ジエ ホ ピン ゴン ユイ ダ ダメン ダ シエ ドゥイ ミエン ヨウ イ ジア ビエン リ シャン ディエン

	佐藤さん：	それはとても便利ですね。	那太方便了。 ナー タイ ファン ビエン ラー
6	張さん：	それから、地下鉄の駅にも近いです。ここから歩いて8分ぐらいですよ。	还有，这里离地铁车站也很近。走8分钟左右就到了。 ハイ ヨウ ジエ リ リィ ディ ティエ チャー ジエン イエ ヘン ジン ゾオ パ フエン ジョンズオ ヨウ ジュウ ダオ ラー

	佐藤さん：	今度地下鉄への道順を教えて頂けますか？	下次，教我去地铁车站的路线，好吗？ シア ツ ジアオ ウォ チュイ ディ ティエ チャー ジエン ダ ル シエン ハオ マー
7	張さん：	はい、いつでもいいですよ。	好的，什么时候都可以。 ハオ ダ シエン モ シ ホウ ドゥ カ イ

部屋探し

8
- 佐藤さん：あとは、この近くに何か軽食の店はありますか？

  还请问一下，这附近有什么小吃店*2吗？

- 張さん：あります。一番近いのは、ここから歩いて5分の所です。

  有的。最靠近的一家，只要走5分钟。

9
- 佐藤さん：ここは本当に便利な所ですね。今日はいろいろ教えて頂いて、本当にありがとうございました。

  这个公寓真是一个方便的地方。今天，您教了我这么多，多谢了！

- 張さん：どういたしまして、また来てください。

  哪里、哪里。有空再来！

*1　中文→中国語。"汉语"ともいう。「日本語」は"日文"または"日语"。
*2　小吃店→軽く、簡単な食事が食べられる店。

単語説明

1. 熟悉　【動】良く知る
2. 周围　【名】周辺
3. 忙　【形】忙しい
4. 尽管　【副】遠慮なく
5. 说　【動】話す
6. 刚　【副】〜ばかり
7. 请教　【動】教えを請う
8. 听　【動】聞く
9. 懂　【動】分かる、理解する
10. 慢　【副】ゆっくり
11. 问题　【名】問題
12. 大门　【名】玄関
13. 斜对面【名】斜め前
14. 夜校　【名】(主に語学の) 夜間学校
15. 路线　【名】道順
16. 可以　【助動】〜してもよい

すぐ使える常用パターン

1. 我想请教一下，～。 （ウォ シアンチン ジアオイ シア）	～を教えて頂きたいのですが…。 （相手に何かを教えて頂くための表現）

2. 什么时候都可以。 （シェン モ シ ホウ ドウ カ イ）	いつでもいいですよ。 （自分の都合はいつでもOKという表現）

3. 请问，这附近有～吗？ （チン ウェン ジェ フゥ ジン ヨウ ～ マー）	お尋ねしますが、この近くに～はありますか？ （周辺での建物やお店などを尋ねる表現）

豆知識：管理人さんとのコミュニケーション

　中国のアパートやマンションの管理人さんは日本と似たような感じです。中国で仕事、暮らしを始めてしばらくは、いろいろな面で戸惑うことも多いでしょう。そんな時、自分が住むアパートの管理人さんに頼って、周辺の情報などを入手するのもお勧めです。また、管理人さんは困った時の良き相談相手ともいえますね。中国語のレベルなどは気になさらないで、笑顔で接していけば、管理人さんもきっと親切にいろいろなことを教えてくれると思いますよ。

部屋探し

暮らしの便利用語 ——家電製品及び家具などの名称

テレビ	电视机 ディエン シ ジィ	ドア	门 メン
電話機	电话 ディエンホア	カーテン	窗帘 チョアンリエン
パソコン	电脑 ディエンナオ	テーブル	桌子 ジュオズ
エアコン	空调 コォンディアオ	椅子	椅子 イ ズ
冷蔵庫	电冰箱 ディエンビン シアン	ソファー	沙发 シャーファー
電子レンジ	微波炉 ウエイ ボ ルゥ	ベッド	床 チョアン
電気炊飯器	电饭煲 ディエンファンバオ	タンス	柜子 グイ ズ
洗濯機	洗衣机 シィ イ ジィ	本棚	书架 シュ ジィア
掃除機	吸尘器 シィ チェンチィ	照明（電灯）	电灯 ディエンデン
家電製品	家用电器 ジィアヨン ディエンチィ	家具	家具 ジィアジュ

場面 1　日用品を揃える　【配备日常用品】
ベイベイルィチャンヨンピン

会話

【中国での新生活がスタートした佐藤さんは、日用品を揃えるためにデパートへ。】

1.
佐藤さん：ちょっとお尋ねしますが、キッチン用品は何階ですか？
　　　　チン ウエン チュウファンヨン ピン ザァイジー ロゥ
　　　　请问，厨房用品在几楼*1？

店員　　：二階です。
　　　　ザァイアルロゥ
　　　　在 2 楼。

（二階にて）

2.
佐藤さん：すみません、ここに中華鍋はありますか？
　　　　チン ウエンジェ リ ヨウ ティエグオ マー
　　　　请问，这里有铁锅吗？

店員　　：はい、この棚にあります。
　　　　ヨウダ ザァイジェガ ジアズ シャン
　　　　有的，在这个架子上。

日常と食事

3
- 佐藤さん：これよりもっと軽いのはありますか？
  有比这个轻一点的吗？
- 店員：ございません。ある程度重さがあったほうが、炒め物を美味しく作れますよ。
  没有。用稍微重一点的铁锅炒菜*2好吃。

4
- 佐藤さん：わかりました。では、これを下さい。
  明白了。那么，就买这个吧。
- 店員：はい。
  好的。

5
- 佐藤さん：どうもありがとう。タオル売場は何階ですか？
  谢谢！请问，卖毛巾的柜台在几楼？
- 店員：五階にあります。
  在5楼。

6
- 佐藤さん：すみません、タオルを買いたいのですが。
  你好！我想买一些毛巾。
- 店員：フェイスタオルとバスタオルのどちらですか？
  您是要买洗脸毛巾，还是浴巾？

7	佐藤さん：	バスタオルです。	浴巾。
	店員　　：	こちらです。ご自由にお選びください。	在这里。请随便挑选。
8	佐藤さん：	すみません、このタオルはコットン100％ですか？	请问，这条浴巾是纯棉的吗？
	店員　　：	はい。	是的。
9	佐藤さん：	お手数ですが、ほかの色を見せて頂けますか？	麻烦您，给我看々别的颜色，好吗？
	店員　　：	はい。この色はいかがですか？	好的，这种颜色怎么样？
10	佐藤さん：	いいと思います。ではそれを二枚下さい。	很好。请给我2条那种浴巾。
	店員　　：	はい。お支払いをされてから、品物を取りに来てください。	好的。您先去付款，再来取东西。

日常と食事

*1 楼→本来は「2階以上の建物」。ここでは「建物の階層」を指す。
*2 炒菜→"炒"は「炒める」、"菜"は「料理の材料」を指す。合わせて、「炒め料理をする」。

単語説明

1. 日常用品【名】日用品
2. 配备　【動】揃える
3. 几　　【疑】いくつ、いくら
4. 铁锅　【名】鉄鍋(中華鍋)
5. 架子　【名】棚、台
6. 轻　　【形】軽い
7. 重　　【形】重い
8. 买　　【動】買う
9. 柜台　【名】商店の売場
10. 毛巾　【名】タオル
11. 卖　　【動】売る
12. 挑选　【動】選ぶ、選択する
13. 纯棉　【名】コットン100%
14. 浴巾　【名】バスタオル
15. 颜色　【名】色
16. 付款　【動】支払う
17. 取　　【動】取る、受け取る
18. 东西　【名】物、品物

すぐ使える常用パターン

1. 请问，这里有～吗？
   チン ウエン ジェ リ ヨウ ～ マー

   ちょっとお尋ねしますが、ここに～はありますか？（自分がほしい物が「あるかどうか」に対する質問表現）

2. 请问，卖～的柜台在几楼？
   チン ウエン マイ ～ ダ グイ タイ ザァイ ジー ロウ

   すみません、～売場は何階ですか？（自分がほしい物の「売場の階数」に対する質問表現）

3. 你好！我想买～。
   ニー ハオ ウォ シアンマイ ～

   すみません、～を買いたいのですが。（自分が買いたい物をストレートに伝える表現）

4. 麻烦您，给我看々别的颜色（样式），好吗？
   マ ファンニン ゲイ ウォ カン カン ビエ ダ イエンサー ヤン シ ハオ マー

   お手数ですが、ほかの色（デザイン）を見せて頂けますか？（「ほかの品物があるかどうか」を尋ねる表現）

豆知識：デパート "百货公司" について

中国のデパートの様式や品揃えは日本とほとんど同じです。異なる所は食品売り場の階数です。日本のデパートでは食品売り場が地下にあるのに比べ、中国はだいたい一階にあるのが一般的です。また、営業時間は日本と比べ、夜の9時、10時台まで営業しているところが多いので、仕事帰りの人にとっては大変便利な存在です。

場面 2 軽食の店にて 【在小吃店】 (ザイシアオチーディエン)

价目表
小笼包 3元-客
水饺 2元-客
小馄饨 1元-碗

会話 I

【佐藤さんは朝食にコーヒーショップに寄ります。】

1
- 佐藤さん：すみません、この席は空いていますか？
  对不起，这个座位空吗？
  (ドゥイブチー ジェガ ズオウェイコン マー)
- ほかのお客さん：はい、どうぞおかけください。
  空的，请坐！
  (コンダ チンズオ)

2
- 佐藤さん：トーストとホットコーヒーを下さい。
  请给我烤面包和1杯热咖啡。
  (チンゲイウォカオミエンパオホイベイラカーフェイ)
- 店員：ミルクと砂糖はいりますか？
  您要加牛奶和糖吗？
  (ニンヤオジアニュウナイホタンマー)

3
- 佐藤さん：いりません。どうもありがとう。
  ドゥ ブゥ ヤオ シエ シエ
  都不要。谢谢！
- 店員：ほかにはよろしいですか？
  チィ ター ハイ ヤオ シェン モ マー
  其他还要什么吗？

4
- 佐藤さん：あとは目玉焼きを一つ下さい。
  チン ザァイ ゲイ ウォ イ ガ ジェンジィ ダン
  请再给我1个煎鸡蛋*1。
- 店員：はい。
  ハオ ダ
  好的。

会話 II

【昼食に佐藤さんは会社や住まいの近くの"小吃店"をよく利用します。】

1
- 佐藤さん：すみません、ここに座ってもいいですか？
  ドゥイブゥ チィー ジェ リ カ イ ズオ マー
  对不起,这里可以坐吗？
- 店員：はい、どうぞ。
  カ イ
  可以。

2
- 佐藤さん：ちょっとお尋ねしますが、水ギョウザはありますか？
  チン ウエン ジェ リ ヨウ シュイジアオ マー
  请问,这里有水饺吗？
- 店員：はい、二種類あります。肉野菜と海鮮があります。
  ヨウ リャンジョン ヨウ ツァイロウ ダ ホ ハイ
  有2种。有菜肉的和海
  シエン ダ
  鲜的。

日常と食事

3
- 佐藤さん：海鮮水ギョウザを下さい。
  请给我海鲜水饺。
  (チンゲイウォハイシエンシュイジアオ)
- 店員：一人前は十個ですが…。
  1份是10个。
  (イフェンシーシガ)

4
- 佐藤さん：一人前でいいです。それとウーロン茶も下さい。
  我要1份。再给我1杯乌龙茶*2。
  (ウォヤオイフェンザイゲイウォイベイウロンチャ)
- 店員：はい、少々お待ちください。
  请等一下。
  (チンドンイシア)

5
- 佐藤さん：何か甘い「点心」はありますか？
  有什么甜点心*3吗？
  (ヨウシェンモティエンディエンシンマー)
- 店員：はい、あんまんとゴマ団子があります。
  有豆沙包子和芝麻球。
  (ヨウドウシャバオズホジーマチュウ)

6
- 佐藤さん：ゴマ団子を二つ下さい。
  请给我2个芝麻球。
  (チンゲイウォリャンガジーマチュウ)
- 店員：出来上がったら、お持ちします。
  做好了，就给您送去。
  (ズオハオラジュウゲイニンソンチュイ)

*1　煎鸡蛋→"煎"は「少量の油で焼く」という意味。"鸡蛋"は「鶏の卵」。ここでは「目玉焼き」のこと。
*2　乌龙茶→日本でもお馴染みの「ウーロン茶」。
*3　甜点心→甘い"小吃"のこと。例えば「団子、餅」など。それに対して「ショーロンポウ、ワンタン」などの"咸点心"もある。

単語説明

1. 这个 【名】これ、この
2. 座位 【名】席
3. 空 【形】空いている
4. 给 【動】くれる、与える
5. 烤面包【名】トースト
6. 咖啡 【名】コーヒー
7. 热 【形】ホット
8. 加 【動】加える
9. 牛奶 【名】ミルク、牛乳
10. 糖 【名】砂糖
11. 坐 【動】座る
12. 水饺 【名】水ギョウザ
13. 菜肉 【名】肉野菜
14. 海鲜 【名】海鮮
15. 送 【動】届ける
16. 做 【動】作る

すぐ使える常用パターン

1. 对不起，这个座位空吗？ ドゥイ ブゥ チィー ジェ ガ ズオ ウェイ コン マー	すみません、この席は空いていますか？ （席を指しながら、「空いているかどうか」を尋ねる表現）
2. 请给我～。 チン ゲイ ウォ	～を下さい。 （注文する時によく使う丁寧な表現）
3. 请再给我～。 チン ザァイ ゲイ ウォ	ほかに～を下さい。 （追加注文する時の表現）
4. 有什么～吗？ ヨウ シェン モ マー	何か～はありますか？ （指定した品物に対して、具体的な種類などを聞く表現）

日常と食事

豆知識：軽食と"小吃"

　中国の軽食と言えば"小吃"と"飲茶"がメジャーです。最近は外国からのコーヒーショップも目立つようになっています。

　"小吃"は"点心"とも呼び、もともとは「おやつ、間食」といった意味です。お店の雰囲気や値段の意味では「手軽な食事」というニュアンスもあります。その点は日本のそば屋やうどん屋、喫茶店にちょっと似ています。メニューはメン類、肉まん、ギョウザなどから甘い団子や餅、まんじゅうなどに至るまで、全国各地ならではの"小吃"があります。お店も街のあちらこちらにあり、伝統的で美味しいものも多いです。朝食、昼食または午後のおやつ時には賑わいを見せます。

　皆さんもぜひ本場の"小吃"を軽食として、取り入れてみてはいかがですか？

書き込みメモ

_ _

_ _

_ _

_ _

_ _

場面3 自炊【自己做饭(ズ ジーズオファン)】

会話

【中国現地での仕事を始める前の日、佐藤さんは自炊をしてみることに。そこへ友人の陳さんが訪れます。】

1

陳さん：佐藤さん、今何をしていますか？

佐藤先生,您正在干什么呢?
(ズオ テン シェンシェン ニン ジェンザイガン シェン モ ナー)

佐藤さん：ガスコンロの試しに自炊でもしようかなと思っています。

我在试々煤气灶,想自己做饭*1。
(ウォ ザァイシ シ メイチ ザオ シアンズ ジー ズオ ファン)

日常と食事

2
- 陳さん ：本当ですか？
- 佐藤さん：ええ、これから中国での生活も長くなるので。さあ、おかけください。

<ジェンダ マー>
真的吗？

<シーアー イン ウェイザァイジョングオ ヤオ チャンチ>
是啊，因为在中国要长期
<シェンホオ ダ チンズオバー>
生活的。请坐吧！

3
- 陳さん ：何かお手伝いしましょうか？
- 佐藤さん：ちょうど良かった。ガスの使い方を教えてください。

<ヨウ シェンモ シュイヤオ ウォ バンマン マー>
有什么需要我帮忙吗？

<ジェンハオ ニイ ジアオウォ イ シア メイチ ザオ>
正好，你教我一下煤气灶
<ダ ヨン ファ バー>
的用法吧。

4
- 陳さん ：簡単です、どうぞ見て下さい。すぐ覚えられますよ。
- 佐藤さん：はい、わかりました。ありがとう。

<ヘン ジエンダンダ カン イ シア ジュウネン ジ>
很简单的。看一下就能记
<ジュ ラー>
住了。

<ミンバイラ シエシエ>
明白了，谢谢！

5
- 陳さん ：今日は、何を作るつもりですか？
- 佐藤さん：昨日中華鍋を買ったし、チャーハンでも作ってみようかな…。

<ジン ティエン ジュンベイズオ シェンモ ツァイ>
今天，准备做什么菜？

<ズオ ティエン マイ ラ チャオツァイ ティ グオ>
昨天买了炒菜（铁）锅，
<ジュンベイズオ イ ガ チャオファン>
准备做一个炒饭。

6	陳さん	：材料は揃っていますか？	ツァイリァオドウペイチラマー 材料都配齐了吗？
	佐藤さん	：買ってあります。中国のお米はチャーハン向きと聞いています。	ドウマイハオラ ティンシュオジョングオダ 都买好了。听说中国的 ミィシホズオチャオファン 米适合做炒饭。

7	陳さん	：楽しみですね！	ナーモ カン ニイ ズオ ラー 那么，看你做了！
	佐藤さん	：陳さんも後で味見してください。	シアオチェン ニー イエ チャンチャン 小陈，你也尝々*2。

8	陳さん	：僕はスープでも作りましょうか…。	ウォライズオイ ガ タン バー 我来做一个汤吧。
	佐藤さん	：お願いします。今日は来て頂き、本当に嬉しいですよ！	ハオ ダ ジン ティエンニイ ライ ジェリ ウォ 好的。今天你来这里，我 ジェンダ ヘン ガオ シン 真的很高兴！

9	陳さん	：こちらこそ。私たちは「老朋友」ですから。	ウォ イエ ヘン ガオ シン ウォメン シー ラオ ペン 我也很高兴！我们是"老朋 ヨウ ラー 友"*3了。
	佐藤さん	：また、気軽に遊びに来てください。	イ ホウチン チャンライ 以后请常来。

*1 做饭→"饭"はもともと「ご飯」の意味。ここでは「炊事をする」。
*2 尝々→"尝"は「味わう」の意味。ここでは、「味わってみる」。
*3 老朋友→古い友人。ニュアンスによって「親友」の意もある。

日常と食事

単語説明

1. 干　【動】〜する、やる
2. 试　【動】试す
3. 想　【動】考える、〜すると思う
4. 真　【形】真実な、本当だ
5. 长期　【名】長期
6. 需要　【動】要る、必要である
7. 用法　【名】使い方
8. 简单　【形】簡単である
9. 记住　【動】覚えられる
10. 菜　【名】野菜、おかず
11. 材料　【名】材料、具材
12. 米　【名】お米
13. 适合　【動】〜に合う
14. 炒饭　【名】チャーハン
15. 汤　【名】スープ
16. 帮忙　【動】手伝う、手助けする

すぐ使える常用パターン

1.	〜,真的吗？ ジェンダ マー	〜、本当ですか？ （相手のこと、することなどに対して確認する表現）
2.	有什么需要我帮忙吗？ ヨウ シェンモ シュイヤオ ウォ バン マン マー	何かお手伝いしましようか？ （相手を手伝ってあげたい時の表現）
3.	今天,你来这里,我真的很高兴! ジン ティエン ニイ ライ ジェ リ ウォ ジェンダ ヘン ガオ シン	今日は来て頂き、本当に嬉しいですよ！（友人が会いに来たことに対して、嬉しい気持ちを伝える表現）
4.	〜,我们是老朋友了。 ウォ メン シー ラオ ポン ヨウ ラー	〜、私たちは「老朋友」ですから。（友人に対して、「親友だからこそ」と伝える表現）

豆知識：レストラン"饭店、餐馆"事情

中国の都会では、近年の経済発展と共にレストランも急増しています。全国各地の特色を備えた名物料理が集い、それだけを専門にするレストランが沢山あります。特に最近では、日本料理を始め、外国料理の店も増えつつあります。都市によっては"饮食一条街"というレストランが密集する地区も存在します。一方、地方では、その土地ならではの郷土料理のレストランが主流になっています。

もっとも都会でも、巷にあふれる家庭料理的な小さい店から、規模が大きく高級なレストランまで様々です。運が良ければ、安くて美味しい家庭料理の店に出会えるかもしれません。

書き込みメモ

場面 4　外食　【在外面用餐】
ザァイワイミエンヨンツァン

会話

【友人の陳さんが佐藤さんを誘って、地元の家庭料理の店へ…。そこで佐藤さんはまだ慣れない中国語を実践するためにウェートレスに積極的に話しかけます。】

1
- 陳さん：今日は、美味しい家庭料理のお店へ案内しますよ。
  今天，我带你去吃家常菜*1。
  ジン ティエン ウォ ダイ ニー チュイチー ジア チャン ツァイ

- 佐藤さん：この前話したお店ですね。
  是上次你说的那家饭店。
  シー シャンツ ニー シュオダ ナー ジア ファン ディエン

（お店へ）

2
- ウェートレス：いらっしゃいませ、お二人ですか？
  欢迎光临，2位吗？
  ホアンイン グアンリン リャンウェイマー

- 佐藤さん：はい。
  是的。
  シーダ

3	ウェートレス：こちらへおかけください。まず、飲み物は何になさいますか？	<ruby>请<rt>チン</rt></ruby> <ruby>这<rt>ジェ</rt></ruby> <ruby>里<rt>リ</rt></ruby> <ruby>坐<rt>ズオ</rt></ruby>。<ruby>想<rt>シアン</rt></ruby> <ruby>要<rt>ヤオ</rt></ruby> <ruby>点<rt>ディエン</rt></ruby> <ruby>什<rt>シェン</rt></ruby> <ruby>么<rt>モ</rt></ruby> <ruby>饮<rt>イン</rt></ruby> <ruby>料<rt>リアオ</rt></ruby>？
	佐藤さん：先に、ビールを1本下さい。	<ruby>请<rt>チン</rt></ruby> <ruby>先<rt>シエン</rt></ruby> <ruby>给<rt>ゲイ</rt></ruby> <ruby>我们<rt>ウォメン</rt></ruby> <ruby>1<rt>イ</rt></ruby> <ruby>瓶<rt>ピン</rt></ruby> <ruby>啤<rt>ピィ</rt></ruby> <ruby>酒<rt>ジュウ</rt></ruby>。
4	陳さん：佐藤さん、ようこそ中国へ。乾杯！	欢迎佐藤先生来中国。干杯！
	佐藤さん：いろいろ手助けして頂いて、本当に感謝しています。乾杯！	你帮了我那么多忙，非常感谢！干杯！
5	ウェートレス：料理のご注文はお決まりですか？	要点的菜，想好了吗？
	佐藤さん：まず、前菜の「三種盛り」をお願いします。	请先给我们一个"三拼盘"吧。
6	ウェートレス：ほかに何かご注文は？	其他、您们还要什么吗？
	佐藤さん：お聞きしますが、この店の自慢料理は何ですか？	请问，这个饭店的拿手菜*2是什么？

日常と食事

7
- 陳さん：この店は「トンボーロゥ」と「魚の姿蒸し」が一番有名ですよ。
  <small>ジェ ガ ファンティエンダ ドン ボー ロウ ホ チン ジェンユイ ズイ ヨウ ミン</small>
  这个饭店的"东坡肉"和"清蒸鱼"最有名。
- 佐藤さん：じゃ、その二つを注文しましょう。
  <small>ナー モ ジュウ ディエンジェ リャン ガ バー</small>
  那么，就点这2个吧。

8
- 陳さん：この店は地元の人しか知らない家庭料理のレストランです。
  <small>ジェ ガ ジア チャンツァイファンディエン ジー ヨウ ベン ディ レン ツァイ ジー ダオ</small>
  这个家常菜饭店，只有本地人才知道。
- 佐藤さん：美味しい！さすが本場の味だけのことはありますね。
  <small>ヘン ハオ チー ジェンブゥ クェイシー ディ ダオ ダ ジョングオ ツァイ</small>
  很好吃！真不愧是地道的中国菜。

（食事が終わる頃）

9
- ウェートレス：主食、デザートなどはいかがですか？
  <small>ジウ シ ティエンディエンヤオ マー</small>
  主食、甜点要吗？
- 佐藤さん：どうもありがとう！お腹もう一杯なので、会計をお願いします。
  <small>イ ジンヘンバオラ シエ シエ チンジエジャン</small>
  已经很饱了，谢谢！请结账。

10 { 陳さん	：今日は佐藤さん歓迎の席ですから、ご馳走させてください。	ジン ティエンシー ウェイニー ジエ フン ウォ ライ 今 天 是 为 你 接 风*³，我 来 チン カ 请 客。
佐藤さん	：どうもすみません。今日は本当にご馳走様でした。	ブォ ハオ イ ス ジン ティエンチー ダ ヘン 不 好 意 思。今 天 吃 得 很 ハオ フェイ チャンガン シエ 好，非 常 感 谢！

*1 家常菜→家庭料理、地元の料理。
*2 拿手菜→"特色菜"ともいう。その店の自慢料理、名物料理のこと。
*3 接风→遠方から来た客を歓迎して、宴席などを設ける。

単語説明

1. 菜単　【名】メニュー
2. 餐　　【名】食事、食べ物、料理
3. 吃　　【動】食べる、食事する
4. 欢迎　【動】歓迎する
5. 饮料　【名】飲み物
6. 啤酒　【名】ビール
7. 点(菜)【動】(料理を)注文する
8. 知道　【動】知る
9. 有名　【形】有名である
10. 不愧　【副】さすが〜
11. 本地　【名】当地、地元
12. 地道　【形】本場の、正真正銘の
13. 主食　【名】主食
14. 甜点　【名】デザート
15. 饱　　【動】満腹になる
16. 结账　【動】会計をする

日常と食事

すぐ使える常用パターン

1. 请先给我（们）～。 チン シエンゲイ ウォ メン	先に（取りあえず）～を下さい。 （注文する時に使う表現）
2. 您帮了我那么多忙，非常感谢！ ニン バン ラ ウォ ナー モ トゥオマン フェイチャンガン シエ	いろいろ手助けして頂いて、本当に感謝しています。 （"忙"は、ここでは「こと」のようなニュアンスで、感謝の気持ちを伝える表現）
3. 请问,这个饭店的拿手菜,是什么? チン ウェン ジェ ガ ファン ディエンダ ナー ショウツァイ シー シェンモ	お聞きしますが、この店の自慢料理は何ですか？ （その店の自慢料理、或いは名物料理を尋ねる表現）
4. 真不愧是～！ ジェンブゥ クェイシー	さすが～だけの～はありますね！ （人物、品物などを褒める、感服したことを表す表現）

豆知識：中華料理の特徴

　ご存知のように中国は広く、各地ならではの風習がたくさん存在し、料理も材料から味付けまで異なります。大きく分類すると：北京、上海、四川、広東の四大料理があります。特徴として北京料理は塩味がベースで、上海料理はやや甘く醤油味が多いです。四川料理は辛く、広東料理はあっさりしています。ただし、メニューの構成はどこでもだいたい同じです。

菜单（菜谱）→メニュー
①冷盘→前菜（冷菜）
②主菜→メイン料理　→
③汤类→スープ
④主食→主食
⑤点心→デザートなど

　水产、海鲜类→魚介、海鮮料理
　猪肉、牛肉、羊肉类→豚肉、牛肉、羊肉料理
　鸡、鸭类→鶏肉、アヒル肉料理
　蔬菜类→野菜、豆腐料理

場面1 地下鉄に乗る 【乗地铁】(チェンディティエ)

会話Ⅰ

【佐藤さんはこれからの通勤に地下鉄を利用することにしました。そして、管理人の張さんにアパートから最寄り駅までの道順を尋ねます。】

1
- 佐藤さん：張さん、こんにちは！
  老张，您好！(ラオ ジャン ニン ハオ)
- 張さん：こんにちは！最近はお忙しいですか？
  您好！最近忙吗？(ニン ハオ ズイジン マン マー)

2
- 佐藤さん：忙しいです。明日からこちらでの仕事が始まります。
  忙的。我明天开始工作了。(マンダ ウォ ミン ティエン カイ シ ゴン ズオ ラー)
- 張さん：通勤は地下鉄ですか？
  您是乘地铁上下班[*1]吗？(ニン シー チェンディ ティエシャンシア バン マー)

交通、電話、郵便など

3
- 佐藤さん：はい。地下鉄駅までの行き方を教えて頂けますか？
- 張さん：もちろん。略図でも描きましょう。

是的。您能教我一下,去地铁车站怎么走,好吗？
当然。我给您画一张简图吧。

4
- 佐藤さん：お手数をかけますね。
- 張さん：まず、この和平アパートから出て、左へ路地なりに3分ぐらい歩きます。

麻烦您了。
先是,出了和平公寓往左拐,沿着小巷*2走大约3分钟。

5
- 佐藤さん：はい。（略図を見ながら）
- 張さん：それから、小学校が見えたら右へ曲がって、5分ぐらい歩いたら大通りに当たります。

嗯。
然后,看到小学校往右拐,走大约5分钟就到大马路了。

6
- 佐藤さん：はい。（略図を見ながら）
- 張さん：大通りを渡ったら、目の前が、東方路駅です。

嗯。
穿过大马路,眼前就是东方路地铁车站。

7	佐藤さん：	わかりました。どうもありがとう。	明白了。谢谢！
	張さん：	どういたしまして。仕事頑張ってください。	哪里、哪里。工作加油吧！

会話Ⅱ 【東方路駅で佐藤さんは切符を買って、地下鉄に乗ります。】

1	佐藤さん：	すみません、<u>人民広場</u>までの片道切符を1枚下さい。	对不起，请给我1张去<u>人民广场</u>的单程（车）票*3。
	駅員：	2元です。	2块钱。
2	佐藤さん：	何番ホームから乗ればいいですか？	请问，在几号站台乘呢？
	駅員：	1番です、<u>中山公園</u>行きの地下鉄です。	1号站台，是开往<u>中山公园</u>方向的。
3	佐藤さん：	<u>人民広場</u>までいくつ駅がありますか？	请问，到<u>人民广场</u>有几站？
	駅員：	五つです。	有5站。

*1　<u>上下班</u>→"上班"は「出勤する」、"下班"は「退勤する」。合わせて「通勤する」。
*2　<u>小巷</u>→路地。または"胡同"ともいう。
*3　<u>単程票</u>→片道切符。"双程票"は「往復切符」を指す。

交通、電話、郵便など

単語説明

1. 乘(坐)【動】乗る
2. 开始【動】始める、始まる
3. 当然【形】当然(の)、もちろん
4. 画【動】(絵や図を)描く
5. 简图【名】略図
6. 出【動】出る
7. 往【介】〜に向けて
8. 沿着【介】〜に沿って
9. 走【動】歩く
10. 左【名】左
11. 右【名】右
12. 拐【動】曲がる
13. 马路【名】大通り
14. 穿过【動】横切る、渡る
15. 最近的【形】最寄りの
16. 站台【名】プラットホーム
17. 开【動】運転する
18. 眼前【名】目の前

すぐ使える常用パターン

1.	您能教我一下,去地铁车站怎么走,好吗？	地下鉄駅までの行き方を教えて頂けますか？（地下鉄駅への道順を尋ねる表現）
2.	请给我1张去〜的单程（车）票。	すみません、〜までの片道切符を1枚下さい。（目的駅までの片道切符を購入する表現）
3.	请问,开往〜的地铁,在几号站台乘呢？	お聞きしますが、〜行きの地下鉄は何番ホームから乗ればいいですか？（乗る電車のホーム番号を尋ねる表現）
4.	请问,到〜有几站？	お尋ねしますが、〜までいくつ駅がありますか？（目的の駅までの数を尋ねる表現）

豆知識：都会の通勤

　中国の都市で通勤といえば、ひと昔まではご存じのように自転車と都市バスがメジャーでした。近年、大都市に地下鉄が増え、通勤にもよく利用されるようになりました。その理由は、やはり交通渋滞の影響がないというメリットがあるからです。

　しかし、地下鉄は一部の大都市にしかないのも現状です。例えば、大都市上海には地下鉄が三本以上あるのに対して、隣の都市蘇州には地下鉄はまだありません。このような地下鉄のない都市での通勤の手段は"助动车"（スクーターのような乗り物）やバス、自家用車など様々です。

　中国では日本で通勤によく使われる「電車」という交通手段はなく、"火车"という列車が全国各地を結んでいます。なお、"火车"はほとんど通勤に使われていないようです。

書き込みメモ

場面 2 バスに乗る 【乗公共汽车】
チェンゴンゴンチーチャー

会話 I

【ある日、佐藤さんは市内バスに乗ってみることにしました。】

1
- 佐藤さん：張さん、おはようございます！
  老张，早上好！
  ラオ ジャン ザオ シャンハオ
- 張さん：おはようございます！お出かけですか？
  早上好！您出去吗？
  ザオ シャンハオ ニン チュウチュイマー

2
- 佐藤さん：ええ、ちょっと用事があって。バスに乗って出かけようかな…。
  对，有点事。想乘公共汽车*1出去。
  ドゥイ ヨウ ディエンシ シアン チェンゴン ゴン チーチャー チュウチュイ
- 張さん：そうですか。
  是吗？
  シー マー

81

3	佐藤さん：	このアパートから最寄りのバス停はどこですか？	^{チン ウェンリー ジェ ガ ゴン ユイ ズイ ジン ダ} 请问，离这个公寓最近的 ^{ゴン ゴン チー チャージャン ザイ ナー リ} 公共汽车站在哪里？
	張さん：	「103番」バス停が地下鉄駅の近くにあります。	^{ザイ ディティエフ ジン ヨウ イリンサンル} 在地铁附近，有１０３路*2 ^{チー チャージャン} 汽车站。

4	佐藤さん：	そのバスは徐家匯まで行きますか？	^{ナール ゴン ゴン チー チャー ダオ シュイジア ホイ} 那路公共汽车，到徐家汇 ^{マー} 吗？
	張さん：	はい、行きますよ。	^{ダオ ダ} 到的。

5	（バスの中） 佐藤さん：	すみません、徐家匯までの切符を1枚下さい。	^{ドゥイブチー ウォ マイ イ ジャンダオ シュイジア} 对不起，我买１张到徐家 ^{ホイ ダ チー チャーピイオ} 汇的汽车票。
	車掌：	2元です。	^{リャンクアイチエン} ２块钱。

6	佐藤さん：	お手数ですが、バス停に着く頃、声をかけて頂けますか？	^{マ フェンニンクアイヤオ ダオ チー チャージャンダ} 麻烦您，快要到汽车站的 ^{シ ホオジアオウォ イ シエンハオ マー} 时候、叫我一声，好吗？
	車掌：	はい、わかりました。	^{ハオ ダ} 好的。

交通、電話、郵便など

会話 II 【出張などの帰りには、佐藤さんは空港リムジンバスを利用することもあります。】

1
- 佐藤さん：すみません、空港リムジンバスはどこですか？
  请问，机场班车在哪里？
  (チン ウェン ジ チャンバン チャーザァイナー リ)
- 係員：どこまで行かれますか？
  您要去哪里？
  (ニン ヤオ チュイナー リ)

2
- 佐藤さん：市内の<u>人民広場</u>方面です。
  我想去市内<u>人民广场</u>方向。
  (ウォ シアンチュイ シ ナイ レン ミェングアンチャン ファンシアン)
- 係員：では「2番」乗り場で乗ってください。
  在2号乘车地上车。
  (ザァイアルハオ チェンチャーディ シャンチャー)

（空港バスの中）

3
- 佐藤さん：東方路駅の近くへ行きたいのですが、どこで降りれば一番近いですか？
  请问，我想去<u>东方路</u>车站附近，在哪里下车最近呢？
  (チン ウェン ウォ シアンチュイドン ファンル チャー ジャンフ ジンザァイナー リ シア チャーズイ ジン ナー)
- 車掌：<u>人民広場</u>で降りるとすぐ地下鉄に乗り換えられますので、一番便利です。
  在<u>人民广场</u>下车、马上就能换乘地铁，是最方便的。
  (ザァイレン ミェングアンチャン シア チャー マ シャン ジュウネン ホエンチェンディ ティエシー ズイ ファン ビエンダ)

* 1　公共汽车→都市で走っているバス（トロリーバスも含む）の総称。
* 2　103路→"103"は番号、"路"はもともと「道路」の意味。ここではバスの「路線」を指す。

単語説明

1. 早上　【名】朝
2. 离　　【介】〜から、〜まで
3. 汽车站【名】バス停留所
4. 到　　【動】〜へ行く、到着する
5. 叫　　【動】呼ぶ
6. 声　　【名】声、音
7. 机场　【名】空港
8. 班车　【名】リムジンバス
9. 乘车地【名】乗り場
10. 上车　【動】乗車する、乗る
11. 下车　【動】下車する、降りる
12. 换乘　【動】乗り換える
13. 市内　【名】市内
14. 时候　【名】時
15. 慢　　【副】ゆっくり
16. 快要　【副】間もなく

すぐ使える常用パターン

1. 请问，〜路公共汽车站在哪里？	〜番バス停はどこですか？（自分が探しているバスの停留所を尋ねる表現）
2. 请问，那（这）路公共汽车，到〜吗？	その（この）バスは〜まで行きますか？（特定のバスに対して、「目的地へ行くかどうか」を確認する表現）
3. 麻烦您，快要到汽车站的时候、叫我一声，好吗？	お手数ですが、バス停に着く頃、声をかけて頂けますか？（自分の下車するバス停を車掌さんに知らせてほしいという表現）
4. 请问，我想去〜，在哪里下车最近呢？	〜へ行きたいのですが、どこで降りれば一番近いですか？（目的地に一番近いバス停を車掌さんに教えてもらう表現）

交通、電話、郵便など

豆知識：都市バスに乗る

　中国の都市バスは普通のバス、トロリーバス、ミニバスなどがあります。特徴としては路線も本数も多く、運賃も安い（1～2元）ことが挙げられます。乗る場合は、路線別に"1路、2路、……"と番号が付いているので、その行き先と停留所を確認してから乗ったほうが安心です。事前に駅前、売店などで路線図を買っておくといいです。

　また、切符の買い方については、バスの仕組みによって3種類あります。まずワンマンバスの場合は、前のドアから乗車し、コインを入れます。次に車掌がいるバスの場合は、空いているドアから乗車し、切符は車掌から買います。そして"小公共汽车"と呼ばれるミニバスはちょっと違います。定員は15人前後で車体の脇には"招手上车，就近下车"で書かれていて、どこでも「手を振って乗車」出来、降りる所を告げておけば「最寄りの所で下車」出来ます。普通のバスより運賃は割高ですが、車内の混雑が避けられ、タイミングよく見つけられればなかなか便利な乗りものです。

書き込みメモ

場面 3 タクシー 【乗出租车】

会話 I

【ホテルに滞在中、佐藤さんはフロントにタクシーをお願いします。】

1
- 佐藤さん：お手数ですが、タクシーを一台呼んで頂けますか？
  麻烦您,请叫1辆出租车*1。
- フロント：いつ頃必要ですか？
  您什么时候要呢?

2
- 佐藤さん：30分後にお願いしたいのですが…。
  我想在30分钟后用。
- フロント：かしこまりました。では、30分後にホテル玄関にてお待ちください。
  知道了。30分钟后,请您在宾馆门口等候。

交通、電話、郵便など

3
- 佐藤さん：どうもありがとう。
  谢谢！ (シエ シエ)
- フロント：どういたしまして。
  不用谢。 (ブゥヨン シエ)

会話Ⅱ 【佐藤さんはお客様と打ち合わせをするため、タクシーを利用して急いで向かいました。】

1
- 佐藤さん：(街の中) タクシー！
  出租车！ (チュウズウ チャー)
- 運転手：どうぞ、お乗りください。
  请上车吧。 (チン シャンチャーバー)

2
- 運転手：行き先はどちらですか？
  您要去哪里？ (ニン ヤオ チュイナー リ)
- 佐藤さん：国際貿易ビルまでお願いします。
  请到国际贸易大厦*2。 (チンダオ グオジ マオイ ダァシア)

3
- 運転手：はい、わかりました。
  明白了。 (ミン バイ ラー)
- 佐藤さん：お聞きしますが、時間はだいたいどのぐらいかかりますか？
  请问，到那里、大概需要多长时间？ (チン ウェンダオ ナーリ ダァガイ シュイヤオ ドゥオチャン シ ジィエン)

87

4
- 運転手：交通渋滞がなければ20分ぐらいです。
  如果没有交通堵塞，20分钟左右。
- 佐藤さん：取引先へ行くのが遅れそうなので、すみませんが、急いで頂けますか？
  去客户那里要来不及*³了，麻烦您开快一点，好吗？

5
- 運転手：出来る限りやってみますね。
  尽量吧。
- 佐藤さん：運転手さん、どうも助かります。
  师傅，谢谢您帮忙。

6
- 運転手：着きましたよ。料金は15元です。
  到了。车费是15块钱。
- 佐藤さん：どうもありがとうございました。領収書を下さい。
  谢谢！请给我发票。

* 1 出租车→タクシー。または"计程车"とも呼び、英語の音訳は"的士"。
* 2 大厦→ビルの名前に用いられることが多い。ここでは「やや高級なビルディング」を指す。
* 3 来不及→話し言葉で、「間に合わない」。反対語は"来得及"。

交通、電話、郵便など

単語説明

1. 辆　【量】車を数える単位
2. 要　【動】必要とする
3. 用　【動】〜を使う、用いる
4. 后　【方位】(時間的に)後
5. 宾馆　【名】ホテル、賓館
6. 等候　【動】待つ
7. 大概　【副】だいたい
8. 交通　【名】交通
9. 堵塞　【動】(穴、道を)塞ぐ
10. 客户　【名】取引先、得意先
11. 到　【副】〜まで
12. 快　【形】(速度が)速い
13. 尽量　【副】出来るだけ
14. 师傅　【名】運転手さん
15. 车费　【名】料金
16. 发票　【名】領収書

すぐ使える常用パターン

1. 麻烦您，请叫1辆出租车。 マ ファンニン チン ジアオ イ リャンチュウズウ チャー	お手数ですが、タクシーを一台呼んで頂けますか？ (タクシーを呼んでほしいという表現)
2. 师傅，请到〜。 シ フゥ チン ダオ	運転手さん、〜までお願いします。 (運転手さんに行き先を告げる表現)
3. 请问，到那里、大概需要多长时间？ チン ウェン ダオ ナー リ ダァ ガイ シュイヤオ ドゥオチャン シ ジィエン	お聞きしますが、時間はだいたいどのくらいかかりますか？ (目的地までの所要時間を尋ねる表現)
4. 谢々您帮忙。 シエ シエ ニン バン マン	どうも助かります。 (相手に何かお願いをした後に、感謝の気持ちを伝える表現)

豆知識：中国のタクシーについて

　中国のタクシーは、車体にある"出租車"や"的士"または"計程車"という文字が標識です。日本のタクシーと大きく異なる点は、自動ドアはなく、乗る人が自分で開け閉めをしなければならないことです。また、車種や色なども都市によってまちまちです。

　仕事で急いでいる時、地理がよく分からない時などは、やはりタクシーが便利な交通手段でしょう。

　ちなみに乗り方に関して、運賃を支払う人（接待する側、ホスト）が運転手の隣に座り、お客様（接待される側、ゲスト）は後ろの座席に乗せるという、日本と似たようなしきたりがあります。

書き込みメモ

場面 4　電話、携帯電話　【电话、手机】
（ディエンホア　ショウジ）

> 喂，工作上有事……

会話 I

【佐藤さんは中国への転勤が決まったことを陳さんに伝えるため、日本から中国の陳さんの自宅へ電話をかけました。】

1
- 佐藤さん：もしもし、陳さんのお宅ですか？
  喂，是陈先生的家吗？
  ウェイ シー チェンシエンシェンダ ジア マー
- お母さん：はい、どちら様ですか？
  是的，您是哪一位？
  シーダ ニン シーナー イ ウェイ

2
- 佐藤さん：日本から電話をかけています、陳平さんの友人の佐藤と申します。
  这是从日本打电话*1，我是陈平的朋友姓佐藤。
  ジェ シー ツォンルイ ベンダー ディエンホア　ウォ シー チェンピン ダ ベン ヨウ シン ズオテン
- お母さん：陳平はまだ仕事から帰って来ていませんが…。
  陈平上班，还没有回家*2呢。
  チェンピン シャンバン ハイ メイ ヨウ ホイ ジア ナー

91

3	佐藤さん：戻られるのは何時頃ですか？	<ruby>请<rt>チン</rt></ruby> <ruby>问<rt>ウェイ</rt></ruby>，<ruby>他<rt>タ</rt></ruby> <ruby>几<rt>ジー</rt></ruby> <ruby>点<rt>ディエン</rt></ruby><ruby>回<rt>ホイ</rt></ruby><ruby>来<rt>ライ</rt></ruby>*3？
	お母さん：あと1時間ほどで戻って来ると思います。	<ruby>我<rt>ウォ</rt></ruby><ruby>想<rt>シアン</rt></ruby><ruby>1<rt>イ</rt></ruby> <ruby>个<rt>ガ</rt></ruby> <ruby>小<rt>シアオ</rt></ruby><ruby>时<rt>シ</rt></ruby><ruby>后<rt>ホウ</rt></ruby>、<ruby>他<rt>ダ</rt></ruby> <ruby>会<rt>ホイ</rt></ruby> <ruby>回<rt>ホイ</rt></ruby><ruby>家<rt>ジア</rt></ruby> <ruby>了<rt>ラー</rt></ruby>。
4	佐藤さん：では、その頃もう一度お電話します。	<ruby>那<rt>ナー</rt></ruby> <ruby>么<rt>モ</rt></ruby>，<ruby>到<rt>ダオ</rt></ruby> <ruby>时<rt>シ</rt></ruby> <ruby>我<rt>ウォ</rt></ruby> <ruby>再<rt>ザイ</rt></ruby> <ruby>打<rt>ダ</rt></ruby> <ruby>吧<rt>バー</rt></ruby>。
	お母さん：よろしくお願いします。	<ruby>好<rt>ハオ</rt></ruby> <ruby>的<rt>ダ</rt></ruby>，<ruby>拜<rt>バイ</rt></ruby> <ruby>托<rt>トゥオ</rt></ruby> <ruby>了<rt>ラー</rt></ruby>。

（1時間後）

5	佐藤さん：もしもし、陳さん？お久しぶりです！	<ruby>喂<rt>ウェイ</rt></ruby>，<ruby>小<rt>シアオ</rt></ruby><ruby>陈<rt>チン</rt></ruby> <ruby>吗<rt>マー</rt></ruby>？<ruby>好<rt>ハオ</rt></ruby> <ruby>久<rt>ジュウ</rt></ruby> <ruby>不<rt>ブゥ</rt></ruby> <ruby>见<rt>ジエン</rt></ruby>！
	陳さん：はい、そうです。お久しぶりです！	<ruby>是<rt>シー</rt></ruby> <ruby>啊<rt>アー</rt></ruby>。<ruby>好<rt>ハオ</rt></ruby> <ruby>久<rt>ジュウ</rt></ruby> <ruby>不<rt>ブゥ</rt></ruby> <ruby>见<rt>ジエン</rt></ruby>！
6	佐藤さん：来月から中国へ転勤になることを知らせたくて…。	<ruby>我<rt>ウォ</rt></ruby> <ruby>想<rt>シアン</rt></ruby> <ruby>告<rt>ガオ</rt></ruby><ruby>诉<rt>スウ</rt></ruby> <ruby>你<rt>ニー</rt></ruby>，<ruby>下<rt>シア</rt></ruby> <ruby>个<rt>ガ</rt></ruby> <ruby>月<rt>ユエ</rt></ruby><ruby>要<rt>ヤオ</rt></ruby> <ruby>调<rt>ディアオ</rt></ruby><ruby>到<rt>ダオ</rt></ruby> <ruby>中<rt>ジョング</rt></ruby><ruby>国<rt>オ</rt></ruby> <ruby>工<rt>ゴン</rt></ruby><ruby>作<rt>ズオ</rt></ruby> <ruby>的<rt>ダ</rt></ruby> <ruby>事<rt>シ</rt></ruby>。
	陳さん：本当ですか？嬉しいなあ！	<ruby>真<rt>ジェン</rt></ruby> <ruby>的<rt>ダ</rt></ruby> <ruby>吗<rt>マー</rt></ruby>？<ruby>太<rt>タイ</rt></ruby> <ruby>高<rt>ガオ</rt></ruby> <ruby>兴<rt>シン</rt></ruby> <ruby>了<rt>ラー</rt></ruby>！
7	佐藤さん：私も嬉しいですよ、では中国で！	<ruby>我<rt>ウォ</rt></ruby> <ruby>也<rt>イエ</rt></ruby> <ruby>很<rt>ヘン</rt></ruby> <ruby>高<rt>ガオ</rt></ruby><ruby>兴<rt>シン</rt></ruby>，<ruby>在<rt>ザイ</rt></ruby> <ruby>中<rt>ジョング</rt></ruby><ruby>国<rt>オ</rt></ruby> <ruby>见<rt>ジエン</rt></ruby> <ruby>吧<rt>バー</rt></ruby>！
	陳さん：楽しみに待っています。	<ruby>我<rt>ウォ</rt></ruby> <ruby>等<rt>デン</rt></ruby> <ruby>你<rt>ニー</rt></ruby> <ruby>来<rt>ライ</rt></ruby> <ruby>了<rt>ラー</rt></ruby>。

交通、電話、郵便など

会話 Ⅱ

【仕事での外出中に、同僚の王さんから佐藤さんの携帯電話に着信が入りました。】

1
- 王さん：もしもし、王莉です。佐藤さんですか？
  喂，我是王莉。是佐藤先生吗？
- 佐藤さん：はい、私です。
  我就是。

2
- 王さん：仕事のことでお聞きしたいのですが。
  我想问您一下工作上的事。
- 佐藤さん：今、電波状況があまり良くないので、急いでいますか？
  现在信号不是很好，着急吗？

3
- 王さん：あまり急いでいませんが。
  不是很着急。
- 佐藤さん：では、会社に戻ってから話し合いましょう。
  那么，等我回公司后再商量吧。

---

* 1　打电话→"打"はもともと「打つ」などの意味。ここでは「電話をかける」。
* 2　回家→自宅へ帰って来る、戻って来る。
* 3　回来→元の場所へ戻って来る。この会話では"回家"とほぼ同じ意味。

単語説明

1. 电话 【名】電話
2. 回 【動】帰る、戻る
3. 家 【名】家、自宅
4. 喂 【話】もしもし
5. 调 【動】転勤する
6. 下个月【名】来月
7. 告诉 【動】知らせる、告げる
8. 再 【副】再び、もう一度
9. 见 【動】(人に)会う
10. 问 【動】問う、聞く
11. 急 【形】大事な、急ぎの
12. 信号 【名】電波信号
13. 公司 【名】会社
14. 商量 【動】話し合う

すぐ使える常用パターン

1. 喂，是～的家吗？
   ウェイ シー ダ ジア マー

   もしもし、～のお宅ですか？
   （相手の自宅へ電話をかける時の表現）

2. 那么，到时我再打吧。
   ナー モ ダオ シ ウォ ザイ ダ バー

   では、その頃もう一度お電話します。
   （改めて電話することを伝える表現）

3. 现在信号不是很好，着急吗？
   シェン ザイシン ハオ ブ シー ヘン ハオ ジャオ ジ マー

   今、電波情況があまり良くないのですが、急いでいますか？
   （電波情況の影響で、はっきり通話出来ない状況であることを伝える表現）

交通、電話、郵便など

豆知識：携帯電話"手机"を利用するには

中国で仕事をする人にとっては、携帯電話"手机"が必需品といっても過言ではありません。

現地で"手机"を購入する場合、本体のほかSIMカード、プリペイドカード（日本のものと異なり、チャージすれば何度も使えます）が一緒に渡されます。通話出来るまでの操作手順は：まず、SIMカードを本体に差し込み、電源を入れます。次に、携帯の音声に従ってプリペイドカードを入れます。最後に、プリペイドカードの裏に書かれている番号に連絡すれば初めて正式に通話が出来ます。

利用する際に、日本の携帯電話と大きく異なる点が二つあります。一つは、携帯電話を受ける側も通話料金が加算されることです。もう一つは、プリペイドカードのチャージ額が切れた時、通話が出来なくなる仕組みです。大事な連絡などがある場合は、あらかじめカードの残額を確認しておいたほうが安心でしょう。

中国の携帯電話用語：
① 手机（ショォジ）→携帯電話
② 用户密码（ヨンフゥミマ）→ユーザーパスワード
③ 储值卡（チュゥジカ）→SIMカード
④ 充值卡（チョンジカ）→プリペイドカード
⑤ 开机（カイジ）→電源を入れる
⑥ 关机（グアンジ）→電源を切る
⑦ 暂时无法接通（ジャンシゥファジエトン）→つながらない
⑧ 不在服务区（ブゥザイフゥチュイ）→圏外

場面⑤ 郵便局にて 【在邮局】 (ザァイヨウジュイ)

会話Ⅰ

【佐藤さんは中国現地の郵便局から日本へ手紙を出します。】

1.
- 佐藤さん：すみません、この手紙を日本へ送りたいのですが…。
  你好！我想寄信到日本。(ニー ハオ ウォ シアン ジ シン ダオ ルィ ベン)
- 職員：航空便ですね。
  是寄航空吧。(シー ジ ハン コン バー)

2.
- 佐藤さん：ええ、書留で送りたいのですが。
  我想寄挂号信。(ウォ シアン ジ グア ハオ シン)
- 職員：量らせてください。
  让我称一下。(ラン ウォ チェン イ シア)

交通、電話、郵便など

3
- 佐藤さん：どうぞ。
- 職員　　：郵便料金は8元6角です。

给。
这封挂号信的邮费是8元 6角。

4
- 佐藤さん：風景のある記念切手はありますか？
- 職員　　：はい、このデザインでよろしいですか？

请问，有风景的纪念邮票吗？
有，这个图案好吗？

5
- 佐藤さん：きれいですね！これを下さい。
- 職員　　：では、この切手を貼ってから、窓口へ持って来てください。

很漂亮！给我这张吧。
请先贴上邮票，再拿到窗口来。

6
- 佐藤さん：切手を貼りました。
- 職員　　：(「書留」の判子を押す) これはお客様の控えです。

邮票贴好了。
这是您的挂号记录[*1]。

会話 II 【佐藤さんは現地の郵便局から日本へ小包を出します。】

1.
- 佐藤さん：日本へ小包を郵送したいのですが、小さめのダンボール箱を一つ下さい。
- 職員：このダンボール箱は2元です。

你好！我想寄包裹到日本，请给我1个小纸板箱。
这个纸板箱2块钱。

2.
- 佐藤さん：小包「発送状」はどこにありますか？
- 職員：どうぞ。記入してから箱と一緒に持って来てください。

请问，"发递单*2"在哪里？
给。填写完后，请和箱子（纸板箱）一起拿过来。

3.
- 佐藤さん：はい、わかりました。
- 職員：箱の中身を見せて頂けますか？

明白了。
请给我看一下箱子里的东西，好吗？

4.
- 佐藤さん：はい。
- 職員：航空便と船便のどちらになさいますか？

好的。
请问，您是寄航空还是寄海运？

交通、電話、郵便など

|佐藤さん:|航空便でお願いします。|请寄航空。|
|職員:|はい。これはお客様の控えです。|好的。这是您的包裹记录。|

*1 记录→もともとは「記録」の意味。ここでは「控え」という意味。
*2 发递单→郵便局などで使う発送状。

単語説明

1. 寄 【動】郵送する、送る
2. 信 【名】手紙
3. 封 【量】一通の(手紙)
4. 挂号 【名】書留
5. 称 【動】量る
6. 贴 【動】貼る
7. 邮费 【名】郵便料金
8. 风景 【名】風景
9. 纪念 【名】記念
10. 图案 【名】図案、デザイン
11. 窗口 【名】窓口
12. 包裹 【名】小包
13. 纸板箱【名】ダンボール、箱
14. 拿 【動】持つ

すぐ使える常用パターン

1. 你好!我想寄～到日本。	すみません、日本へ～を郵送したいのですが…。 (これは郵便物を日本へ送る時に依頼する表現)
2. 请问,有～纪念邮票吗?	すみません、～記念切手はありますか? (記念切手について尋ねる表現)
3. 请给我1个纸板箱。	ダンボール箱を一つ下さい。 (荷物を入れるダンボール箱を購入する表現)
4. 请寄航空(海运)。	航空便(船便)でお願いします。 (輸送手段を指定する表現)

豆知識：手紙"信"と小包"包裏"

中国の郵便局でも、海外へ手紙を出す場合は航空便が普通です。宛先の書き方は横書きで左上から書き始めます。また、切手は封筒の右上に貼るのが一般的です。

海外へ小包を出す場合は、日本と大きく異なる点が二つあります。一つは、小包の包装は郵便局規格のダンボール箱を使用しなければならない点。もう一つは、小包の中身が郵便局の窓口でチェックされる点です。例えば漢方薬などを海外に郵送する際には、レシートなどを持って行ったほうが無難でしょう。

中国の郵便用語：

① 邮局（ヨウ ジュイ）→郵便局　　② 明信片（ミン シン ピエン）→ハガキ　　③ 信（シン）→手紙
④ 邮票（ヨウ ピアオ）→切手　　⑤ 地址（ディ ジー）→宛先、住所　　⑥ 信箱（シン シアン）→ポスト
⑦ 快递（クアイ ディ）→速達　　⑧ 航空（ハン コン）→航空便　　⑨ 海运（ハイ ユイン）→船便

書き込みメモ

場面 6 銀行にて 【在银行】 (ザァインハン)

会話 I

【佐藤さんは現地の"中国银行"で両替をします。】

1.
- 佐藤さん：お尋ねしますが、ここで両替出来ますか？
  请问,这里可以兑换*¹外币吗？
  (チン ウェン ジェ リ カ イ ドゥイホアン ワイ ビ マー)
- 銀行員：はい、3番の窓口でお願いします。
  可以的,请到3号窗口。
  (カ イ ダ チン ダオ サンハオ チュアンコウ)

2.
- 佐藤さん：すみません、両替をしたいのですが…。
  你好！我想兑换外币。
  (ニーハオ ウォ シアンドゥイホアンワイ ビ)
- 銀行員：どんな外貨をお持ちですか？
  您有哪一种外币？
  (ニン ヨウ ナー イ ジョンワイ ビ)

3	佐藤さん	日本円です。	日元。
	銀行員	いくら両替されますか？	您想换多少呢？
4	佐藤さん	今日の日本円のレートはいくらですか？	今天的日元牌价*2是多少？
	銀行員	1万円が712人民元です。	1万日元兑换712元人民币。
5	佐藤さん	では、5万円を両替してください。	那么，请帮我换5万日元。
	銀行員	はい、少々お待ちください。	好，请等一下。
6	佐藤さん	お手数ですが、1元コインも何枚か頂けますか？	麻烦您，请给我一些1元的硬币，好吗？
	銀行員	わかりました。これは両替された人民元です。お調べください。	好的。这是兑换的人民币，请数一下。

交通、電話、郵便など

会話 II 【佐藤さんは現地の銀行で口座を開設することにしました。】

1. 佐藤さん：すみません、口座の開設をお願いします。
   你好！请给我开1个银行账户。

   銀行員：身分証明書をお持ちですか？
   您有身份证吗？

2. 佐藤さん：パスポートを持って来ました。
   我带了护照*3。

   銀行員：「外貨口座」と「人民元口座」のどちらになさいますか？
   "外币账户"和"人民币账户",您想开哪一种？

3. 佐藤さん：「外貨口座」をお願いします。
   就开"外币账户"吧。

   銀行員：では、この申込書に記入してください。
   请填写这张申请表。

103

4 {
- 佐藤さん：この書き方でいいですか？ 这样填写,可以吗？
- 銀行員：大丈夫です。口座名義人はご本人でよろしいですか？ 没问题。户名开您本人,对吗？

5 {
- 佐藤さん：はい、そうです。 对的。
- 銀行員：では、6桁の暗証番号を入力してください。 那么,请输入6位数的密码。

*1 兑换→両替する
*2 牌价→外国為替交換公定価格
*3 护照→パスポート

単語説明

1. 外币 【名】外貨
2. 种 【名】種類
3. 兑换 【動】両替する
4. 日元 【名】日本円
5. 人民币【名】人民元
6. 硬币 【名】コイン、硬貨
7. 数 【動】数える
8. 开 【動】開く、開設する
9. 银行 【名】銀行
10. 账户 【名】口座
11. 身份证【名】身分証明書
12. 申请表【名】申込書
13. 本人 【名】本人
14. 输入 【動】入力する
15. 密码 【名】暗証番号
16. 问题 【名】問題

交通、電話、郵便など

すぐ使える常用パターン

1. 请问,这里可以兑换外币吗? （チン ウェン ジェ リ カ イ ドゥイ ホアン ワイ ビ マー）	お尋ねしますが、ここで両替出来ますか？（この場所で、「両替出来るかどうか」を尋ねる表現）
2. 请问,今天的日元牌价是多少? （チン ウェン ジン ティエン ダ ルイ ユアン パイ ジア シー ドゥオ シャオ）	今日の日本円の為替レートはいくらですか？ （今日の為替レートを聞く表現）
3. 你好！请给我开1个银行账户。 （ニー ハオ チン ゲイ ウォ カイ イ ガ イン ハン ジャン フゥ）	すみません、口座の開設をお願いしたいのですが…。（新規口座の開設をお願いする表現）
4. 没问题。 （メイ ウェン ティ）	大丈夫です。／問題ないです。（日常会話の中で、相手の言動に対してOKだという表現）

豆知識：中国の銀行を利用するには

中国現地の銀行といえば、"中国银行"、"中国工商银行"、"中国农业银行"、"中国交通银行"の四大銀行です。営業に関してはATMがまだ少ないので、窓口での対応が主流になっています。また土、日も窓口が開いていますので、何かと便利です。

すでに現地に仕事、生活の拠点を置いた方にとっては、銀行の利用は欠かせないものです。最初に利用するのは、やはり両替でしょう。両替が出来る場所としては大きな銀行、ホテル、空港などがあります。のちのちは、口座の開設や預金の出し入れなども必要となります。銀行でのやり取りの言葉を覚えておけば、"没问题"でしょう。

中国の銀行用語：
① 账户→口座　　　② 户名→口座名義人　　③ 账号→口座番号
④ 密码→暗証番号　⑤ 日元→日本円　　　　⑥ 人民币→人民元
⑦ 存钱→預け入れ　⑧ 取钱→引き出し　　　⑨ 寄钱→送金する

場面1　赴任あいさつ　【在新公司打招呼】

会話I　【中国の合弁会社へ赴任した佐藤さんは、出社初日、趙社長にあいさつをします。】

1
- 趙社長：（握手）ようこそ、よくいらっしゃいました！
  欢迎,欢迎！
  ホアンイン ホアン イン

- 佐藤さん：（握手）佐藤と申します。はじめまして、どうぞ宜しくお願いします。
  我姓佐藤。初次见面,请多多指教。
  ウォ シン ズオ テン チュウ ツ ジエンミエンチン ドゥオドゥオジ ジアオ

仕事に関して

2
- 趙社長：趙です。お会い出来て大変嬉しいです。
  我姓赵。能见到您,我很高兴!
- 佐藤さん：こちらこそ、この合弁会社で仕事が出来ることを光栄に思っております。
  能来此合资公司*1工作,我感到很荣幸!

3
- 趙社長：佐藤さんのような優秀な人材がお越しになって、誠に恐縮です。
  像您这么优秀的人材能来我们公司,真过意不去。
- 佐藤さん：私はもともと中国が大好きですから…。
  我原来就很喜欢中国。

4
- 趙社長：佐藤さんは日本のどちらからですか？
  佐藤先生是从日本哪里来的?
- 佐藤さん：東京からです。
  我是从东京来的。

5
- 趙社長：こちらへは単身赴任ですか？
  您是单身赴任来这里吗?
- 佐藤さん：はい、そうです。
  是的。

6	趙社長	：期待しておりますので、宜しくお願いします。	我们都对您寄予很大希望。请多多关照。
	佐藤さん	：趙社長のご指導のもとで、精一杯取り組んで参ります。	在赵总经理*2的指导下，我一定尽力工作。

会話 II

【佐藤さんが仕事しやすいために、合弁会社は助手に王さんを配属しました。以下は王さんと佐藤さん初対面の会話です。】

1	王さん	：王と申します、はじめまして、どうぞ宜しくお願いします。	我姓王。初次见面，请多多关照。
	佐藤さん	：佐藤と申します。初めまして、どうぞ宜しくお願いします。	我姓佐藤。初次见面，也请多多关照。

2	王さん	：ご一緒に仕事が出来て、光栄に思っております。	能和佐藤先生一起工作，我很荣幸。
	佐藤さん	：こちらこそ。今後は何かと面倒をかけますが、力を貸してください。	今后会给您添麻烦的。届时，请多多帮忙。

仕事に関して

3
- 王さん：ご用がありましたら、いつでもおっしゃってください。
  有什么事，请随时说。
- 佐藤さん：ありがとうございます。
  谢谢！

4
- 王さん：佐藤さんのデスクはこちらです。では、同僚の方々にあいさつしに行きましょうか。
  佐藤先生的办公桌在这里。那么，去和同事们打招呼吧。
- 佐藤さん：はい、行きましょう。
  好的。

*1 合资公司→合弁会社
*2 总经理→"经理"は「支配人」や「経営者」などの意味。"总经理"は社長に相当する。

単語説明

1. 荣幸　【形】光栄、幸運である
2. 从　　【介】～から
3. 优秀　【形】優秀である
4. 像　　【副】～みたいに
5. 原来　【副】もとは、もともと
6. 喜欢　【形】好きである
7. 寄予　【動】托する
8. 希望　【名】希望
9. 尽力　【動】全力を尽くす
10. 工作　【名】仕事
11. 帮忙　【動】手伝う
12. 随时　【副】常に、いつでも
13. 说　　【動】話す
14. 办公桌【名】オフィスデスク
15. 指导　【動】指導する
16. 同事　【名】同僚

すぐ使える常用パターン

1. 能来～公司工作,我感到很荣幸!	～会社で仕事が出来ることを、光栄に思っております。 (～会社で仕事が出来ることに対して、光栄に思う気持ちを伝える表現)
2. 我原来就很喜欢中国。	私はもともと中国が大好きです。 (自分が中国のことが大好きであることを伝える表現)
3. 我一定尽力工作。	精一杯取り組んで参ります。 (精一杯頑張るという意気込みを伝える表現)
4. 今后会给您添麻烦的。届时,请多多帮忙。	今後は何かと面倒をかけますが、力を貸してください。 (今後の仕事に関して、お世話になるという表現)

仕事に関して

豆知識：初対面の握手は重要！

　中国では、人に出会う時の握手は、日本のお辞儀と同様の礼儀作法です。特に、初対面の場合、"您好！"などのあいさつを交わしながら、握手をすることは礼儀であり、大変重要なことです。握手の仕方が第一印象を左右することもあるからです。

　特にビジネスにおける握手の仕方は、以下のことに留意するとより良いコミュニケーションが図れるはずです。まず、好印象や誠意を示すには、自分のほうから手を差し出すことをお勧めします。次に、握手の力の強弱に関しては、中国ではやや強めに握る傾向があり、友好的な意味にもとらえられます。また、握手する時間の長さについては一定の決まりはありませんが、長く握ったほうが信頼性につながりやすいです。

　皆さんもぜひ中国式の暖かい握手にチャレンジしましょう！

書き込みメモ

場面 2　社内コミュニケーション　【公司内的沟通】
ゴンス ネイ ダ ゴウトン

会話　【中国へ転勤後の佐藤さんは、社内で積極的に現地スタッフとコミュニケーションを図ります。】

1
- 佐藤さん：おはようございます！　早上好！（ザオ シャンハオ）
- 王さん　：おはようございます！　早上好！（ザオ シャンハオ）

2
- 佐藤さん：昨日は遅くまでの残業、お疲れさまでした。　昨天你加班很晚,辛苦了。（ズオ ティエンニー ジア バン ヘン ワン シン ク ラー）
- 王さん　：いいえ。今日はどのようなご予定でしょうか？　没什么。今天有什么安排吗?（メイ シェンモ ジン ティエンヨウ シェンモ アン パイマー）

仕事に関して

3
- 佐藤さん：10時から生産会議があります。
  10点钟开始、有一个生产会议。
- 王さん：わかりました。
  明白了。

4
- 佐藤さん：午後2時に、取引先と打ち合わせをするために外出します。
  下午2点钟外出，与客户碰头*1。
- 王さん：お戻りは何時でしょうか？
  您几点回公司呢？

5
- 佐藤さん：多分5時頃になります。
  大概5点钟吧。
- 王さん：では、今日の予定をホワイトボードに書いておきます。
  我把今天的安排写在白板上。

6
- 佐藤さん：お手数ですが、日本本社のパンフレットを三部用意して頂けますか？
  麻烦您，准备3份日本总公司的宣传小册子，好吗？
- 王さん：はい、わかりました。
  好，明白了。

（外出前）

7
- 佐藤さん：では、よろしく頼みます。
  那么，拜托了。
- 王さん：はい、頑張ります。
  我会努力工作的。

（会社へ戻った後）

8
- 佐藤さん：何か連絡はありましたか？
  请问，有什么联络吗？
- 胡さん：本社の田中さんからお電話がありました。
  总公司的田中先生来过电话。

9
- 佐藤さん：そうですか。胡さんも日本語を話せますね。
  是吗。小胡也会说日语吧？
- 胡さん：少しだけです。佐藤さんの中国語はとても上手ですよ。
  会说一点。佐藤先生的汉语说得才很棒*2呢。

10
- 佐藤さん：お褒めにあずかり恐縮です。今度教えてください。
  您过奖了。以后请多教教我。
- 胡さん：佐藤さんも日本のサッカーのことを教えてください。僕はサッカーが大好きですので…。
  也请您多介绍一些日本的足球。因为我很喜欢足球。

仕事に関して

11
- 佐藤さん：いいですよ。今日仕事が終ったら、一緒に食事にでも行きましょうか。
  好的。今天下班以后，我们一起去吃饭吧。
- 胡さん：仕事もそろそろ終わるので、一緒に行きましょう。
  工作快要结束了，我们一起去吧。

12
- 佐藤さん：お疲れさまです！
  今天辛苦了！
- 胡さん：お疲れさまです！
  您也辛苦了！

*1 碰头→顔を合わせる。ここでは「打ち合わせをする」。
*2 很棒→話し言葉で、「上手だ、素晴しい」という意味。

単語説明

1. 加班　【動】残業する
2. 晚　　【形】遅い
3. 辛苦　【話】お疲れさま、ご苦労さま
4. 安排　【動】〜をたてる（予定など）
5. 开始　【動】〜を開始する
6. 生产　【名】生産
7. 会议　【名】会議
8. 外出　【動】外出する
9. 与　　【介】〜と
10. 客户　【名】取引先、得意先
11. 回来　【動】戻って来る
12. 白板　【名】ホワイトボード
13. 总公司【名】本社
14. 小册子【名】パンフレット
15. 奖　　【動】褒める

すぐ使える常用パターン

1. 今天有什么安排吗？ ジン ティエン ヨウ シェン モ アン パイ マー	今日はどのようなご予定（計画）でしょうか？ (今日の予定などを尋ねる表現)
2. 以后请多教教我。 イ ホウ チン ドゥオ ジアオ ジアオ ウォ	今度（いろいろ）教えてください。 (仕事や言葉などで、相手に教えて頂きたい気持ちを伝える表現)
3. 那么，拜托了。 ナー モ パイ トゥオ ラー	では、よろしく頼みます。 (「よろしくお願いします」と同じような意味で、もっと具体的なことでも使える表現)
4. 您过奖了。 ニン グオ ジアン ラー	お褒めにあずかり恐縮です。 (直訳すると「褒め過ぎですよ」という意味で、相手の褒め言葉に対する謙虚な表現)

仕事に関して

豆知識：中国のオフィスでのお茶事情

　中国でお茶といえば、暖かいお茶のことを指します。会社、オフィスでも「マイ・ティー」を持って出勤する人が大勢います。なぜかというと、ご存知のように中国の人はお茶が大好きで、お茶の種類も沢山ありますので、日本の会社の飲み物事情とはだいぶ異なります。

　会社勤めの人達は皆、出勤の前に瓶などの入れ物にお好みの茶葉を入れておきます。会社に着いたら、給湯機や魔法瓶からその入れ物にお湯を注ぎます。蓋をして1、2分もすればマイ・ティーの完成です。ちなみに飲む時、茶葉をよけながら飲むのが中国流です。また、高級で特別美味しい茶葉を手に入れた時などは、会社に持って行き、同僚の人たちに味わってもらうのも楽しいことです。

書き込みメモ

場面 3　アポイントを取る　【事先联络 (シ シエンリエン ロ)】

会話 I

【提携会社を訪問するために、佐藤さんは電話でアポイントを取ることにしました。】

1
- 佐藤さん：もしもし、長江電器会社ですか？
  喂，是长江电器公司吗？(ウェイ シー チャンジアンディエンチ ゴンス マー)
- 交換手：そうですが、どちら様ですか？
  是的，您是哪里*¹？(シー ダ ニン シー ナー リ)

2
- 佐藤さん：私は東方エレクトロニクスの佐藤と申します。
  我是东方电子公司的佐藤。(ウォ シー ドン ファンディエンズ ゴンス ダ ザオ テン)
- 交換手：どなたにご用ですか？
  您找哪一位*²？(ニン ジャオナー イ ウェイ)

仕事に関して

3
- 佐藤さん：劉社長をお願いします。
- 交換手：では、社長室におつなぎ致します。

我想请刘总经理听电话。
我给您接到总经理办公室。

4
- 社長秘書：はい、社長室です。
- 佐藤さん：佐藤と申します、劉社長はいらっしゃいますか？

喂，这是总经理办公室。
我是佐藤，刘总经理在吗？

5
- 社長秘書：すみません、ただいま会議中ですが…。
- 佐藤さん：恐れ入りますが、彼に伝言をお願いしてもよろしいでしょうか？

对不起，刘总经理正在开会。
麻烦您，请帮我转告他一下，好吗？

6
- 社長秘書：はい、どうぞ。
- 佐藤さん：「東方エレクトロニクスの佐藤まで折り返しお電話を頂きたい」とお伝えください。

好的，请讲吧。
请转告他"回电给东方电子公司的佐藤"。

7	社長秘書	：かしこまりました。	知道了。(ジダオラー)
	佐藤さん	：直通電話でお願いします。失礼します。	请打我的直通电话。(インダウォダジトンディエンホア) 谢々！(シエシエ)

会話 II

【長江電器会社の劉社長から、佐藤さんに折り返し電話がかかってきました。】

1	劉社長	：もしもし、佐藤さんですか？	您是佐藤先生吗？(ニンシーズオテンシェンシエンマー)
	佐藤さん	：はい。劉社長ですね。いつもお世話になり、ありがとうございます。	我就是。刘总经理吗。一直承蒙关照，非常感谢！(ウォジュウシーリュウゾンジンリマー　イジチェンモングアンジャオフェイチャンガンシエ)

2	劉社長	：こちらこそ。先ほどは電話に出られず、失礼致しました。	哪里、哪里。刚才没能接您的电话，失礼了。(ナーリナーリガンツァイメイネンジエニンダディエンホア　シリーラー)
	佐藤さん	：実は、今週中に劉社長の所にお伺いしたいと思っておりますが…。	其实，这个星期我想去拜访刘总经理。(チィシジェガシンチウォシアンチュイバイファンリュウゾンジンリ)

120

仕事に関して

3
- 劉社長 ：大歓迎ですよ！但し、今週は日程が少し詰まっていますが…。
  非常欢迎！可是，这个星期的日程安排好像比较紧。
- 佐藤さん：ご多忙とは存じますが、実は本社の新製品の件で…。
  我也知道您非常忙，就是总公司的新产品的事……

4
- 劉社長 ：わかりました。日程を調整して、今週中にお会いしましょう。
  好的。那么就安排在这个星期见面吧。
- 佐藤さん：それはありがたいです。
  太感谢了！

＊1 哪里→本来は「どこ、どちら」の意味。電話では相手の名前、会社名を聞く時に用いる。
＊2 哪一位→「どちら様」の意味。電話では丁寧に個人の名前を聞く時に用いる。

単語説明

1. 电器 【名】電気器具、電器
2. 电子 【名】エレクトロニクス
3. 找 【動】探す
4. 办公室【名】オフィス
5. 在 【動】居る
6. 开会 【動】会議に出る
7. 转告 【動】伝言する
8. 讲 【動】話す
9. 接 【動】(電話を) 受ける
10. 回电 【動】折り返し電話をする
11. 日程 【名】日程
12. 紧 【形】きつい
13. 新产品【名】新製品
14. 见面 【動】会う

すぐ使える常用パターン

1. 喂,是～公司吗？ （ウェイ シー ～ ゴンス マー）	もしもし、～会社ですか？ (中国で、相手の会社へ電話をする時の表現)
2. 我想请～听电话。 （ウォ シアンチン ～ ティン ディエンホア）	～をお願いします。 (相手を電話口に呼んでほしいという表現)
3. 麻烦您,请帮我转告～一下,好吗？ （マ ファンニン チン バン ウォ ジョアンガオ ～ イ シア ハオ マー）	恐れ入りますが、～に伝言をお願いしてもよろしいでしょうか？ (相手に対して、第三者に伝言を依頼する表現)
4. 我想去拜访～。 （ウォ シアンチュイバイ ファン ～）	～にお伺いするつもりですが…。 (相手に伺いたいという意向を伝える表現)

仕事に関して

豆知識：中国式電話習慣

　中国では、電話をかける人も受ける人も、まず相手側を確認する習慣がまだ残っています。つまり、先に自分からは名乗らず、いきなり相手の名前（会社）を聞くことが多いのです。このような現地の習慣には、少し戸惑いを感じるかもしれません。より早くその習慣に慣れるためにも、ここは電話応対の決まり文句として覚えてしまうことをお勧めします。では、中国式電話のかけ方、受け方について、簡単に紹介します。

①電話をかける時：
・会社関係："喂，是～公司吗？"「もしもし、～会社ですか？」
・個人："喂，是～先生（女士）的家吗？"「もしもし、～様のお宅ですか？」

②電話がかかってきた時：
・会社関係："这是～公司，您是哪里？"「こちらは～会社ですが、お宅様は？」
・個人："您是哪一位？"「どちら様ですか？」

書き込みメモ

場面 4　会社訪問　【公司访问】
ゴンス ファンウェン

会 話

【佐藤さんは提携会社の長江電器会社へ出向いて、劉社長を訪問します。】

（受付にて）

1　佐藤さん：こんにちは！東方エレクトロニクスの佐藤と申します、劉社長にお会いしたいのですが…。

您好！我是东方电子公司的佐藤，想拜访刘总经理。
ニン ハオ ウォ シー トン ファンディエンズ ゴン ス ダ ズオ テン シアン バイ ファン リュウ ゾン ジン リ

受付：こんにちは！アポイントメントはありますか？

您好！有事先联络*1吗？
ニン ハオ ヨウ シ シエン リエンロ マー

124

仕事に関して

2　佐藤さん：はい、2時の約束です。
有的，是 2 点钟。
ヨウ ダ　シー リアンディエンジョン

受付　：このロビーでお待ちください。すぐ秘書が参ります。
请在这大厅里等候一下，总经理秘书马上来带领您。
チン ザイ ジェ ダ ティン リ デン ホウ イ シア
ゾン ジン リ ミ シュウ マ シャンライ ダイ リン ニン

3　秘書　：こんにちは！劉社長の秘書です。
您好！我是刘总经理的秘书。
ニン ハオ ウォ シー リュウ ゾン ジン リ ダ ミ シュウ

佐藤さん：こんにちは！佐藤です。いつもお手数をかけてすみません。
您好！我姓佐藤。一直给您添麻烦，不好意思。
ニン ハオ ウォ シン ズオ テン　イ ジー ゲイ ニン
ティエン マ ファン ブウ ハオ イ ス

4　秘書　：どういたしまして。劉社長は六階の社長室でお待ちしております…
哪里、哪里。刘总经理在 6 楼的总经理办公室*2 恭候您。
ナー リ　ナー リ リュウ ゾン ジン リ ザイ
リュウ ロウ ダ ゾン ジン リ バン ゴン シ
ゴン ホウ ニン

佐藤さん：ありがとうございます。
谢々！
シエ シエ

(社長室にて)

劉社長：ようこそ！お久しぶりですね。(握手)

欢迎，欢迎！好久不见啊。

佐藤さん：そうですね。今日はお会い出来て大変嬉しいです！(握手)

是啊。今天能见到您，我非常高兴！

劉社長：私も嬉しいです。おかげ様で、弊社の売り上げは伸びています。

我也很高兴！托贵公司的福，我们公司的销售额有所增长。

佐藤さん：それは良かった！今日はわざわざお時間を割いて頂き、本当に感謝しています。

太好了！今天，您特地抽出时间见面，真是十分感谢！

劉社長：ところで、新製品開発は進んでいますか？

对了，那个新产品的开发、有进展吗？

佐藤さん：はい。今日二つの案をお持ちしました。御高見をお伺いしたいと思っております。

有的。我今天带了2个方案来，想征求一下总经理的高见。

仕事に関して

8
- 劉社長　：わかりました。好的。
- 佐藤さん：どうぞ、ご覧ください。请看一下吧。

9
- 劉社長　：B案は性能をワンランク上げれば、市場ニーズの見込みが大きいと思います。如果B方案的性能再提高一级，预计市场需求会相当大。
- 佐藤さん：貴重なご意見、誠にありがとうございます。その旨を本社にお伝えします。感谢您的宝贵意见。我会把您的意思转达给总公司的。

10
- 劉社長　：成果を期待しています。我期待着你们的成果。
- 佐藤さん：精一杯取り組んで参りますので、どうぞご協力を宜しくお願い致します。我们会努力的，敬请多多合作。

*1　事先联络→アポイントメントを取ること。
*2　总经理办公室→社長室

単語説明

1. 公司 【名】会社
2. 事先 【副】事前に
3. 大厅 【名】ロビー
4. 秘书 【名】秘書
5. 特地 【副】わざわざ
6. 抽出 【動】割く
7. 销售额 【名】売り上げ
8. 增长 【動】伸びる
9. 开发 【動】開発する
10. 新产品【名】新製品
11. 进展 【名】進展
12. 方案 【名】(仕事の)案、プラン
13. 征求 【動】意見を求める
14. 预计 【動】予測する
15. 宝贵 【形】貴重な
16. 转达 【動】伝える

すぐ使える常用パターン

1. 今天，您特地抽出时间见面，真是十分感谢！	今日はわざわざお時間を割いて頂き、本当に感謝しています。（貴重な時間を頂いたことに感謝する表現）
2. ～，想征求一下总经理的高见。	～について、社長の御高見をお伺いしたいと思います。（目上の方や取引先の方に対し、意見などを求める表現）
3. 敬请多多合作。	どうぞご協力を宜しくお願い致します。（相手の協力をお願いする表現）
4. 请看一下吧。	どうぞご覧ください。（敬語で日常的にもよく使われる表現）

仕事に関して

豆知識：会社訪問、視察時のあいさつ

　中国現地の取引先や提携会社への訪問や視察の機会は、皆さんにとっても多いことでしょう。初めて会社を訪問する場合は、握手を交わしたり、自己紹介や名刺交換などを行います。また、すでに知っている会社を訪問する場合は、気楽な接し方も中国流だと思います。例えば、相手と久しぶりに再会する時は、互いにハグ（抱擁）し合うことも親しみの表現でしょう。そのほか、商談などで本題に入る前に余談（天気や趣味などの話し）をするのも、その場の雰囲気を和らげるのに有効です。

　一方、会社や工場を視察する場合は、日本式の笑顔でお辞儀しても良いと思いますが、職員の方々には笑顔で"你们好!"という言葉で積極的に声をかけてみましょう！好印象につながるはずです。

書き込みメモ

場面 5　会社PR　【介绍自己的公司】

会話 I

【中国現地で代理店やショップなどを募集する時に佐藤さんが自社のPRをします。】

1
- 佐藤さん：まず、弊社のPRをさせて頂きます。会社名は「東方エレクトロニクス」と申します。

  首先，请允许我、介绍一下我们公司。公司名称是"东方电子"。

- 関係者：御社はどんな会社ですか？

  请问，贵公司是一个什么公司？

仕事に関して

2
- 佐藤さん：私共は電気総合メーカーのグループ企業で、本社は東京にあります。

  我们是电子综合制造集团公司，总公司在东京。

- 関係者：中国にも子会社などがありますか？

  请问，在中国有分公司吗？

3
- 佐藤さん：はい、あります。弊社はグローバル企業です。

  有的。我们公司是一个跨国公司。

- 関係者：主にどのような生産部門がありますか？

  主要有哪些生产部门呢？

4
- 佐藤さん：主に家電製品や通信機器、半導体などの生産部門があります。

  主要有家电、通信机器、半导体等生产部门。

- 関係者：通信機器では、どのような製品の代理が出来ますか？

  在通信机器方面，有哪些产品可以做代理呢？

5	佐藤さん：	例えば、ノートパソコンや携帯電話などです。	比如说，笔记本电脑*1、手机等。
	関係者：	ノートパソコンの代理店をやりたいのですが、どういう手続きが必要ですか？	我想做笔记本电脑的代理店，要办哪些手续呢？
6	佐藤さん：	詳しくは当社のホームページをご覧になってから、北京事務所にご連絡ください。	详细内容，请阅览我们公司的网页、再与北京办事处联络吧。
	関係者：	ご紹介、本当にありがとうございました。	非常感谢您的介绍。

会話 II

【中国現地の展示会などで、佐藤さんは熱心に新製品を紹介します。】

1	来場者：	お聞きしますが、これは何ですか？	请问，这是什么？
	佐藤さん：	これは最新型の携帯電話です。	这是最新型的手机。

仕事に関して

2
- 来場者　：本当ですか？すごく小さくて、携帯電話に見えませんね！
- 佐藤さん：デザインも斬新で、サイズも一番小さいですよ。

真的吗？这么小，看不出是手机啊！
外形是崭新的，尺寸也是最小。

3
- 来場者　：携帯電話以外にどんな機能がありますか？
- 佐藤さん：テレビ、音楽の機能以外に、レコーダーとしても使えます。

除了手机以外，还有哪些功能呢？
可以收看电视，听音乐，还可以当录音机使用。

4
- 来場者　：それは素晴しい！操作は難しいですか？
- 佐藤さん：操作は簡単です。どうぞカタログをお持ち帰りになって、説明をご覧ください。

真棒！操作难吗？
操作很简单。这是产品目录，请拿回去看看说明吧。

＊1　笔记本电脑→ノートパソコン

単語説明

1. 介绍 【動】PR（紹介）する
2. 名称 【名】名称
3. 综合 【形】総合的な
4. 制造 【名】メーカー
5. 部门 【名】部門
6. 产品 【名】製品
7. 代理 【動】代理する
8. 手续 【名】手続き
9. 网页 【名】ホームページ
10. 阅览 【動】閲覧する
11. 新型 【名】新型
12. 外形 【名】外形
13. 尺寸 【名】サイズ
14. 功能 【名】機能
15. 操作 【動】操作する
16. 产品目录【名】カタログ
17. 说明 【名】説明

すぐ使える常用パターン

1. 首先，请允许我、介绍一下我们公司（的情况）。	まず、弊社のPRをさせて頂きます。 （自社をPRする前に冒頭に伝える表現）
2. 公司名称是～，总公司在～。	会社名は～と申します、本社は～にあります。 （会社名、本社所在地を紹介する表現）
3. 我们是～公司。	私共は～会社です。 （自社が「どんな会社か」を伝える表現）
4. 详细内容，请阅览我们公司的网页。	詳しくは当社のホームページをご覧ください。 （会社のホームページの閲覧を勧める表現）

仕事に関して

豆知識：会社・製品のPRについて

中国現地でビジネスを行う場合は、自社の概要や製品などの紹介（PR）が欠かせないことと思います。現地スタッフによって紹介するのも良いと思いますが、ご自分で進んで自社のPRをすれば説得力が増すこともあるでしょう。ぜひ、自信を持って挑戦してみましょう！

会社PRに関する中国語：

① 我们公司（ウォメンゴンス）→弊社、当社
② 公司名称（ゴンスミンチェン）→会社名
③ 总公司（ゾンゴンス）→本社
④ 成立（チェンリ）→設立（年）
⑤ 资产（ズチャン）→資本金、企業資産
⑥ 年销售额（ニエンシアオショウア）→年間売り上げ
⑦ 员工（ユアンゴン）→従業員
⑧ 办事处（バンシチュウ）→（現地）事務所
⑨ 分公司（フェンゴンス）→子会社
⑩ 合资公司（ホズゴンス）→合弁会社
⑪ 跨国公司（クアグォゴンス）→グローバル企業
⑫ 样品（ヤンピン）→サンプル
⑬ 专卖店（ジュアンマイディエン）→（専門）ショップ
⑭ 代理店（ダイリディエン）→代理店

書き込みメモ

場面 6　日本料理での接待　【宴请日本料理】

会 話

【中国現地の会社と取引き成立後に、本社専務が訪中し、感謝の意を込めて宴会を設けることにしました。佐藤さんは進行役を務めます。】

1
- 佐藤さん：こんばんは！どうぞご自分の名前の所におかけください。
  晚上好！请各位坐在自己名字的地方。
- ゲスト：はい、わかりました。
  好的。

2
- 佐藤さん：今日は日本式の「たたみ」なので、足を楽にしてもかまいません。
  今天是日本式的"榻榻米"，脚也可以随意放。
- ゲスト：この「たたみ」はいい感じですね！
  这个"榻榻米"，感觉不错啊！

仕事に関して

3
- 佐藤さん：まず、宴会の挨拶は本社の三浦専務にお願いします。
  首先，请总公司的三浦专务董事致祝酒词。
- ゲスト：（拍手）
  （拍手）

4
- 三浦専務：本日はご多忙の中お越し頂き、誠に嬉しく存じます。
  今天，各位从百忙之中光临此宴会，我感到非常高兴！
- 徐社長：本日は三浦専務にお目にかかることが出来て、大変光栄に存じます。
  今天，能见到三浦专务董事，我感到非常荣幸！

5
- 三浦専務：御社には大変お世話になっております。この場をお借りしまして、心から感謝申し上げます。乾杯！
  一直承蒙贵公司的多方关照。借此机会，表示衷心的感谢！干杯！
- 徐社長：乾杯！お招きを受け賜り、誠にありがとうございます。
  干杯！对贵公司的邀请，我表示非常感谢！

(歓談開始)

6
- 佐藤さん：それでは、ご遠慮なさらず、どうぞご自由に召し上がってください。

  各位、请不要客气,（请）开始用餐吧。
- ゲスト：どうも、ありがとうございます。

  谢々！

7
- 三浦専務：徐社長に日本酒を一献差し上げましょう。

  我敬徐总经理1杯日本酒。
- 徐社長：どうも、恐れ入ります。

  不敢当,谢々！

8
- 佐藤さん：「天ぷら」はこの店の名物料理です、どうぞ、召し上がってみてください。

  "天妇罗"是这家店的特色菜*1, 请尝一尝。
- 徐社長：どうも。香ばしくて本当に美味しいですね。

  谢々！很香,真好吃。

(歓談終了)

9
- 佐藤さん：では、最後に三浦専務に締めの言葉をお願いします。

  最后,还请三浦专务董事讲几句话。
- ゲスト：（拍手）

  （拍手）

仕事に関して

10
- 三浦専務：本日はささやかではありましたが、本当に楽しいひとときでした。

  今天是小々的宴会,可是,与各位度过了很愉快的时间。

- 徐社長：素晴しい日本料理をご馳走になり、ありがとうございました。

  谢々您们宴请这么美味的日本料理。

11
- 三浦専務：最後に、両社のますますの繁栄と我々の友情を祈念して、乾杯！

  最后,为两公司的繁荣和我们的友谊,干杯！

- 徐社長：心のこもったおもてなしに対し、もう一度感謝の意を表して、乾杯！

  对贵公司的盛情款待,再一次表示感谢！干杯！

*1　特色菜→名物料理、看板料理

単語説明

1. 宴会　【名】宴会
2. 祝　　【動】祝う、祈る
3. 酒　　【名】酒
4. 随意　【副】自由に
5. 放　　【動】置く
6. 邀请　【動】招く
7. 用餐　【動】召し上がる
8. 度过　【動】過ごす
9. 愉快　【形】愉快である
10. 繁荣　【名】繁栄
11. 友谊　【名】友誼、友好、友情
12. 盛情　【名】厚情
13. 款待　【名】もてなし
14. 干杯　【動】乾杯

すぐ使える常用パターン

1. 首先,请～致祝酒词。
   シュウシエン チン ～ ジー ジウジョウツ

   まず、宴会の挨拶は～にお願いします。
   (司会進行で、～に「乾杯の音頭」や「歓迎の言葉」をお願いする表現)

2. 今天,各位从百忙之中光临此宴会,我感到非常高兴!
   ジンティエン ガ ウェイツォン バイマンジ ジョングアンリン ツ イエンホイ ウォ ガンダオ フェイチャンガオ シン

   本日はご多忙の中お越し頂き、誠に嬉しく存じます。
   (各位のご出席に対して、嬉しい気持ちを伝える表現)

3. 一直承蒙贵公司的多方关照。借此机会,表示衷心的感谢!
   イジ チェンモン グイゴン ス ダ ドゥオファング アンジャオ ジェッツ ジ ホイ ビアオ シ ジョンシン ダ ガン シェ

   御社には大変お世話になっております。この場をお借りしまして、心から感謝申し上げます。
   (お世話になった取引先などに対して、感謝の意を伝える表現)

4. 最后,为两公司的繁荣和我们的友谊,干杯!
   ズイ ホウ ウェイ リアンゴン ス ダ ファンロン ホ ウォメン ダ ヨウ イ ガンベイ

   最後に、両社のますますの繁栄と我々の友情を祈念して、乾杯!
   (両社の繁栄と友好を祈る大事な表現)

仕事に関して

豆知識：心のこもったおもてなし "宴会"

　中国現地でビジネスをする場合は、取引先や提携会社などとの付き合いも大事だと思います。特に宴会で接待したり、されたりすることは数多くあることでしょう。ビジネスの成果をより上げるためには、接待の回数だけではなく、やはり中身が大変重要となってきます。また、宴会の料理に関しては、中国現地では日本料理のほうがやや高級なイメージがあるので、時には日本料理でのおもてなしも良いかと思います。但し、その場合は、ホスト側はゲスト側の好き嫌いや、生ものが大丈夫かどうかなどを、あらかじめ確認しておくことをお勧めします。

　一方、楽しく談笑しながら食事するのも中国流ですので、賑やかな宴会ほど喜ばれます。話題についてはあまり拘りがないので、例えば趣味や家族の話しでも良いです。とにかく心のこもったおもてなしを…。

書き込みメモ

場面 1　理髪店へ　【去理发店】

会話

【佐藤さんは髪をカットしてもらうため、休日を利用して街の理髪店へ。】

1
- 理髪師　：こんにちは！　你好！
- 佐藤さん：カットをお願いします。　我想剪头发。

2
- 理髪師　：申し訳ありません、少々お待ち頂いてもよろしいでしょうか？　对不起，需要等一下，可以吗？
- 佐藤さん：すみません、何人待ちでしょうか？　请问，要等几位？

休 日

3
- 理髪師　：五名ですが、どうなさいますか？
  要等5位，等吗？
- 佐藤さん：お願いします。
  我等吧。

（順番が来た）

4
- 理髪師　：お客様、こちらへおかけください。
  这位先生，请来这里坐。
- 佐藤さん：はい。
  好。

5
- 理髪師　：どういう風にカットしますか？
  您想怎么剪呢？
- 佐藤さん：今のヘアスタイルを変えないで、カットしてください。
  不改变现在的发型，剪一下。

6
- 理髪師　：ひげは剃りますか？
  要刮胡子吗？
- 佐藤さん：いいえ、揃えるだけでいいです。
  不用刮，只要修一下。

7
- 理髪師　：わかりました。先に、シャンプーしますね。
  明白了。先洗头吧。
- 佐藤さん：頭が少し痒いので、かいて頂けますか？
  我的头有点痒，请帮我抓一下，好吗？

	理髪師	：すみません、分け目はどうしましょうか？	您 的 头 路，怎 么 分？
8	佐藤さん	：「中分け」でお願いします。	我 的 头 路 是 "中 分 *1"。

	理髪師	：カットはこれぐらいの長さでよろしいですか？	剪 这 样 的 长 度，可 以 吗？
9	佐藤さん	：あまり短くしないでください。	请 不 要 剪 得 太 短。

	理髪師	：ドライヤーをかけますか？	您 要 吹 风 *2 吗？
10	佐藤さん	：はい、お願いします。	好 的。

	理髪師	：終りました、気に入って頂けましたか？	剪 好 了。满 意 吗？
11	佐藤さん	：はい、どうもありがとう。	很 好，谢 々！

*1 　中分→髪形の一つ。日本でいう「中分け」。ほかにも"三七开"、"四六开"などがある。
*2 　吹风→ドライヤーをかける。中国では「髪をブローする」という意味も含む。

休日

単語説明

1. 剪　【動】カットする
2. 头发　【名】髪
3. 等　【動】待つ
4. 发型　【名】ヘアスタイル
5. 刮　【動】そる
6. 胡子　【名】ひげ
7. 修　【動】揃える
8. 洗头　【動】シャンプーする
9. 痒　【形】痒い
10. 抓　【動】かく
11. 头路　【名】髪の分け目
12. 长度　【名】長さ
13. 短　【形】短い
14. 分　【動】分ける

すぐ使える常用パターン

1. 我想剪头发。
   _{ウォ シアンジェントウ ファ}

   ヘアカットをお願いします。
   (ヘアカットをしてほしいという表現)

2. 请问，要等几位？
   _{チン ウェン ヤオ デン ジー ウェイ}

   すみません、何人待ちでしょうか？
   (待つ人数を確認する表現)

3. 我的头路是"～"。
   _{ウォ ダ トウ ル シー}

   髪の分け方は「～」でお願いします。
   (自分の髪の分け方を告げる表現)

4. 不改变现在的发型，剪一下。
   _{ブゥ カイ ビエンシエンザイ ダ ファ シン ジェン イ シア}

   今のヘアスタイルを変えないで、カットしてください。
   (カットへの要望を伝える表現)

豆知識：理髪店（美容院）で使うフレーズ

①シャンプー／トリートメント　（我想）洗头／做头发护理。
　　　　　　　　　　　　　　　ウォシアン　シトウ　ズオトウファフウリ

②カット／パーマ　（我想）剪头发／烫头发。
　　　　　　　　　ウォシアン　ジェントウファ　タントウファ

③このスタイルでカット（パーマ）　请按这个发型剪（烫）。
（雑誌を見せながら）　　　　　　　チンアンジェガファシンジェン（タン）

④ドライヤーをかける／セットする　（我想）吹头发／做头发。
　　　　　　　　　　　　　　　　　ウォシアン　チュイトウファ　ズオトウファ

⑤この色で髪染め　（我想）染这个颜色。
（色見本を見ながら）　ウォシアン　ランジェガイエンサー

書き込みメモ

場面 2 街を散策する 【去街上散步】
チュイジエシャンサンブゥ

光大自由市场

会話 I 【休日の昼下がり、佐藤さんは"自由市場"まで散策します。】

1
- 佐藤さん：すみません、これは何ですか？
  请问，这是什么？
  チン ウェン ジェ シー シェン モ
- 売り手A：これは掘り出し物の香炉ですよ。
  这是偶然弄到的珍品香炉。
  ジェ シー オウ ラン ノン ダオ ダ ジェンピン
  シアンルゥ

2
- 佐藤さん：何で出来ていますか？
  这是用什么做的？
  ジェ シー ヨン シェン モ ズオ ダ
- 売り手A：清の時代の玉細工です。
  这是清朝的玉器。
  ジェ シー チン チャオ ダ ユイ チー

147

3	佐藤さん：これはおいくらですか？	^{ジェ ガ ドゥオシャオチエン} 这个多少钱？
	売り手A：300元です。	^{サンバイクアイチエン} 300块钱。

4	佐藤さん：高いですね、少し安くなりませんか？	^{タイ グイ ラー ピエン イ イ ディエンバー} 太贵了，便宜一点吧。
	売り手A：じゃ、200元で、どうですか？	^{ナー モ リャンバイクアイチエン ヤオ マー} 那么，200块钱，要吗？

5	佐藤さん：じゃ、買います。	^{ハオ ウォ マイ ラー} 好，我买了。
	売り手A：お客様は目利きですね。	^{ニー ジェンシ ホオ} 你真识货。

	（別の売場で）	
6	佐藤さん：このりんごは、「1斤」おいくらですか？	^{チン ウェンジェ ピン グオ ドゥオシャオチエン} 请问，这苹果多少钱 ^{イ ジン} 1斤*1？
	売り手B：「1斤」は6元です。何斤量りましょうか？	^{イ ジン シー リュウクアイチエン ニン ヤオ チェン} 1斤是6块钱，您要称 ^{ジー ジン} 几斤？

7	佐藤さん：じゃ、「2斤」下さい。	^{ゲイ ウォ チェンリャンジン バー} 给我称2斤吧。
	売り手B：「2斤1両」ありますので、12元6角です。	^{イ ゴン リャンジン イ リャン シアルクアイ} 一共2斤1两，12块 ^{リュウジャオ} 6角。

休 日

会話 II 【一時帰国のため、佐藤さんは休日を利用して日本へのお土産を買うことにしました。】

1. 佐藤さん：すみません、お茶を買いたいのですが…。
   你好！我想买茶叶。
   店員：銘柄は何に致しましょうか？
   您想买哪一种茶叶？

2. 佐藤さん：「龍井茶」と「鉄観音」を人に差し上げたいのです。
   我想买一些"龙井茶"和"铁观音"送人。
   店員：「龍井茶」は新茶が出たばかりで、贈り物に喜ばれますよ。
   "龙井茶"的新茶，刚上市，送人是很受欢迎的。

3. 佐藤さん：缶入りの「龍井茶」新茶を三つ下さい。
   请给我3罐"龙井茶"的新茶。
   店員：はい、「特級品」でお入れしますか？
   给您装"特级茶叶*2"，好吗？

4	佐藤さん：	そうしてください。甘い香りがする「鉄観音」はありますか？	<ruby>好<rt>ハオ</rt></ruby><ruby>的<rt>ダ</rt></ruby>。<ruby>带<rt>ダイ</rt></ruby><ruby>一<rt>イ</rt></ruby><ruby>点<rt>ディエン</rt></ruby><ruby>甜<rt>シアン</rt></ruby><ruby>香<rt>シアン</rt></ruby><ruby>味<rt>ウェイ</rt></ruby><ruby>的<rt>ダ</rt></ruby>"<ruby>铁<rt>ティエ</rt></ruby><ruby>观<rt>グアン</rt></ruby><ruby>音<rt>イン</rt></ruby>",<ruby>有<rt>ヨウ</rt></ruby><ruby>吗<rt>マー</rt></ruby>?
	店員：	この「鉄観音」の茶葉の香りをかいでみてください。	<ruby>请<rt>チン</rt></ruby><ruby>闻<rt>ウェン</rt></ruby><ruby>一<rt>イ</rt></ruby><ruby>下<rt>シア</rt></ruby><ruby>这<rt>ジョン</rt></ruby><ruby>种<rt></rt></ruby>"<ruby>铁<rt>ティエ</rt></ruby><ruby>观<rt>グアン</rt></ruby><ruby>音<rt>イン</rt></ruby>"<ruby>茶<rt>チャ</rt></ruby><ruby>叶<rt>イエ</rt></ruby>。

5	佐藤さん：	いい香りですね！これを二箱下さい。包装をお願いします。	好香！请给我2盒这种茶叶。麻烦你,帮我包装一下。
	店員：	かしこまりました。	好的。

＊1　<u>1斤</u>→重さの単位。"1斤"は500g、"1両"は50g。
＊2　<u>特级茶叶</u>→（茶葉の）ランク分けで「最上級ランクの茶葉」を指す。

単語説明

1. 珍品　【名】珍品
2. 香炉　【名】香炉
3. 玉器　【名】玉細工
4. 钱　　【名】貨幣、お金
5. 贵　　【形】高い
6. 便宜　【形】安い
7. 要　　【動】要る
8. 买　　【動】買う
9. 称　　【動】量る
10. 茶叶　【名】茶葉
11. 上市　【動】市場に出回る
12. 香味　【名】香り
13. 甜　　【形】甘い
14. 闻　　【動】かぐ
15. 包装　【動】包装する

休 日

すぐ使える常用パターン

1. 请问,这是用什么做的? （チン ウェン ジェ シー ヨン シェン モ ズオ ダ）	お尋ねしますが、これは何で出来ていますか？ （品物の材質を尋ねる表現）
2. 太贵了,便宜一点吧。 （タイ グイ ラー ピエン イ イ ディエンバー）	高いですね、少し安くなりませんか？（品物の価格が高いので、値切る表現）
3. 好的,我买了。 （ハオ ダ ウォ マイ ラー）	じゃ、買います。（納得した価格で、「買う」と伝える表現）
4. 麻烦您,帮我包装一下。 （マ ファンニン バン ウォ バオ ジュアン イ シア）	お手数ですが、包装をお願いします。 （包装を依頼する表現）

豆知識：街の散策

　休日の日、特に天気の良い日には街へ出て散策をすれば、ちょっとした気分転換になるでしょう！近くの公園でのんびり過ごすのも良いですし、"自由市場"まで足を運んで、思わぬ掘り出し物と出逢ったり、新鮮な野菜や果物を手に入れたりするのも楽しいと思います。

　中国の"自由市場"では生鮮食料品以外にも、骨董品を始め、いろいろな物が売られています。もちろん、値切ることも可能です。そこで中国語の練習がてら、値切ってみるのも面白いかもしれません。日本と異なる雰囲気を体験出来るはずです。

　散策のパターンは人それぞれですが、散策をすることで現地の人々と触れ会う機会も増えることでしょう。時にはビジネスのヒントさえ得ることが出来るかもしれません…。

場面 3　日本から来た友人の案内【陪同日本来的朋友】

会話 I　【日本から二人の友人が中国に訪ねて来ることになり、佐藤さんはまずホテルへ電話をかけ、部屋の予約を取ります。】

1
- 佐藤さん：もしもし、部屋の予約をお願いします。
  喂，我想预订房间。
- フロント：お泊りはいつ頃でしょうか？
  您想订什么时候的？

2
- 佐藤さん：来週の土、日の二晩お願いします。
  我想订下星期六、日，2个晚上。
- フロント：何名様ですか？
  请问，几位呢？

休 日

3
- 佐藤さん：二人です。ツインルームは一晩おいくらほどですか？
  2 位。请问，双人房间、*1 1个晚上的价格是多少？
- フロント：680元です。
  680元。

4
- 佐藤さん：では、ツインルームを一部屋お願いします。
  那么，请给我订1个双人房间。
- フロント：朝食はいかがなさいますか？
  需要早餐吗？

5
- 佐藤さん：いりません。
  不要。
- フロント：恐れ入りますが、お名前を英字綴りでお願いします。
  对不起，请用英文字母拼写一下您的名字。

6
- 佐藤さん：「Sato taro」、佐藤太郎と申します。
  "Sato taro"，我叫佐藤太郎。
- フロント：チェックインする時には予約者のお名前をおっしゃってください。
  来登记的时候，请告诉一下预订人的名字。

会話Ⅱ 【佐藤さんは休日を利用して、日本から来た友人の二人を世界遺産の中国庭園へ案内します。】

1
- 佐藤さん：すみません、入場券を三枚下さい。
  你好！我想买3张门票。
- 係員：150元です。
  150元。

2
- 佐藤さん：日本語のパンフレットはありますか？
  请问，有日文的介绍手册吗？
- 係員：いいえ、英語版しかありませんが…。
  没有。只有英文的。

（観光中）

3
- 佐藤さん：すみません、ここは写真を撮っても大丈夫ですか？
  请问，这里可以照相*2吗？
- 係員：外だけなら、撮っても構いません。
  只照外面的话，是可以的。

4
- 佐藤さん：恐れ入りますが、私たちの写真を撮って頂けますか？
  麻烦您，请帮我们照1张合影，好吗？
- 観光客A：いいですよ。シャッターはどれですか？
  好的。快门是哪一个？

休　日

5 　佐藤さん：これです。
　　　　　　（シャッターを教える）
　　　　　　是 这 个。
　　観光客A：はい、撮りま～す。
　　　　　　开 始 拍 了。

（庭園を出る時）
6 　佐藤さん：すみません、出口はどこですか？
　　　　　　请 问，出 口 在 哪 里？
　　観光客B：私たちも出るところなので、良かったら付いて来てください。
　　　　　　我 们 也 要 出 去，不 介 意 的 话，请 跟 着 我 们 走 吧。

*1　双人房间→ツインルーム。"单人房间" は「シングルルーム」を指す。
*2　照相→写真を撮る。"照" も "拍" も同じ意味を指す。

単語説明

1. 陪同　【動】お供をする
2. 预订　【動】予約する
3. 房间　【名】部屋、ルーム
4. 价格　【名】値段
5. 早餐　【名】朝食
6. 拼写　【動】スペルを綴る
7. 登记　【動】チェックインする
8. 告诉　【動】告げる
9. 门票　【名】チケット、入場券
10. 照　【動】（写真を）写す
11. 快门　【名】シャッター
12. 拍　【動】（写真を）撮る
13. 出口　【名】出口
14. 介意　【動】気にする

すぐ使える常用パターン

1. 喂，我想预订房间。
   もしもし、部屋の予約をお願いします。
   （電話でホテルの部屋を予約する表現）

2. 请问，双人房间、1个晚上的价格是多少？
   お聞きしますが、ツインルームは一晩おいくらほどですか？
   （ホテルの部屋の値段を尋ねる表現）

3. 请问，这里可以照相吗？
   すみません、ここは写真を撮っても大丈夫ですか？
   （係員に観光地の写真撮影の可否を尋ねる表現）

4. 麻烦您，请帮我们照1张合影，好吗？
   恐れ入りますが、私たちの写真を撮って頂けますか？
   （観光地などで、ほかの観光客に記念写真を撮ってもらう時の表現）

休 日

豆知識：観光関連の中国語

近年、中国の国内観光客の急増と共に、各地の観光名所では世界中の人々で賑わってきました。中国滞在中、日本から家族や友人などが訪ねて来た時のためにも、ちょっとした観光用語を覚えて、自分で案内してみるのも楽しいと思いますよ。

① 名胜古迹（ミンシェングージ）→名所旧跡
② 遗迹（イージ）→遺跡
③ 博物馆（ボーウグアン）→博物館
④ 宫殿（ゴンディエン）→宮殿
⑤ 寺庙（スーミアオ）→寺院
⑥ 塔（ター）→塔
⑦ 园林（ユアンリン）→庭園
⑧ 售票处（ショウピアオチュウ）→入場券売り場
⑨ 小卖部（シアオマイブー）→売店
⑩ 胶卷（ジアオジュアン）→フィルム
⑪ 照相机（ジャオシアンジ）→カメラ
⑫ 导游图（ダオヨウトゥ）→観光案内図

書き込みメモ

場面 4　お手伝いさんとの会話　【与阿姨的対话】(ユイアー イ ダ ドゥイホア)

会話 I

【佐藤さんは単身赴任で家事にも不慣れなので、友人の陳さんがお手伝いさんを紹介してくれました。】

1
- 陳さん：こんにちは！お手伝いさんを連れて来ましたよ。
  你好！我带阿姨[*1]来了。
  (ニー ハオ　ウォ ダイ ア イー　ライ ラ ー)

- 佐藤さん：こんにちは！どうもすみません、休みの日なのに…。
  你好！今天休息还给你添麻烦，不好意思。
  (ニー ハオ　ジン ティエン シウ シ　ハイ ゲイ ニー　ティエン マ ファン　プー ハオ イ ス)

休 日

2.
- 陳さん：こちらはお手伝いの周さんです。
- 佐藤さん：佐藤です。どうぞ、宜しくお願いします。

这位是周阿姨。

我姓佐藤,请多多关照。

3.
- お手伝いさん：こんにちは！どうぞ、宜しくお願いします。
- 佐藤さん：とりあえず、毎週末1日だけ来てくればいいです。

您好！请多多关照。

暂时,每星期的周末来做1天,就可以了。

4.
- お手伝いさん：時間は何時からがよろしいでしょうか？
- 佐藤さん：午前11時から午後5時まで、お願い出来ますか？

请问,从几点开始做?

请你从上午11点做到下午5点,好吗?

5.
- お手伝いさん：はい。どのような家事でしょうか？
- 佐藤さん：掃除、洗濯がメインになりますが、時給は10元でいかがですか？

好的。是哪些家务事呢?

主要是打扫卫生和洗衣服。1个小时10块钱,可以吗?

6
- お手伝いさん：構いません。
- 佐藤さん：じゃ、来週の日曜日からお願いします。

可以的。
请你从下个星期天来做吧。

7
- 陳さん：これからは佐藤さんも週末が少し楽になりますね。
- 佐藤さん：そうですね。どうも助かります。

佐藤先生，以后你周末也可以轻松一点了。
对啊，我可以省力多了。谢谢！

会話 II

【次の日曜日、お手伝いさんの周さんは佐藤さんのアパートへ来て、家事を手伝います。】

1
- お手伝いさん：こんにちは！まずは何からしましょうか？
- 佐藤さん：こんにちは！先に洗濯をお願いします。

佐藤先生，你好！先做什么事？
周阿姨，你好！请先洗衣服吧。

2
- お手伝いさん：床も拭きますか？
- 佐藤さん：はい。リビングの整理もお願いします。

地板也要擦一下吧？
是的。还请你整理一下起居室。

休 日

3 { お手伝いさん：かしこまりました。
   佐藤さん：時間があったら、市場で野菜も買って来てください。

知道了。
ジ ダオ ラー

要是有时间的话，请你到市场去买些蔬菜回来。
ヤオ シー ヨウ シ ジエンダ ホア チン ニー ダオ シ チャンチュイマイ シエ シュウツア ホイ ライ

4 { お手伝いさん：ほかにやることがあったら申し付けてください。
   佐藤さん：今日はご苦労さま。ありがとうございました。

还要做什么事，请您吩咐。
ハイ ヤオ ズオ シェンモ シ チン ニン フェンフ

今天辛苦你了。谢々！
ジン ティエンシン ク ニー ラー シエ シエ

*1　阿姨→本来はおばさんの意味。ここではお手伝いさんの呼び名。

単語説明

1. 休息　【名】休み
2. 周末　【名】週末
3. 做　　【動】〜する
4. 家务事【名】家事
5. 打扫　【動】掃除する
6. 卫生　【名】衛生
7. 洗　　【動】洗濯する
8. 衣服　【名】洋服
9. 轻松　【形】楽である
10. 地板　【名】床
11. 擦　　【動】拭く
12. 整理　【動】整理する
13. 蔬菜　【名】野菜
14. 吩咐　【動】申し付ける

すぐ使える常用パターン

1. 毎星期的周末来做1天，就可以了。
   （メイ シンチ ダ ジョウモ ライ ズオ イ ティエン ジュウ カ イ ラー）

   毎週末に1日だけ来てくればいいです。
   （お手伝いさんに、来てほしい日を伝える表現）

2. 请你从～点做到～点，好吗？
   （チン ニー ツォン ～ ディエン ズオ ダオ ～ ディエン ハオ マー）

   ～時から～時まで、お願い出来ますか？
   （お手伝いさんに、来てほしい時間帯を伝える表現）

3. 主要是打扫卫生和洗衣服。
   （ジュウ ヤオ シー ダ サオ ウェイ シェン ホ シ イー フ）

   家事は掃除、洗濯がメインになります。
   （お手伝いさんに、家事の内容を説明する表現）

豆知識：中国のお手伝いさん "阿姨" について

週末などの休日に体をゆっくりと休ませることが、次の週も元気良く仕事ができる条件ともいえるでしょう。ところで、中国へ駐在あるいは転勤する方、特に単身赴任者の方は、週末になんとなく不慣れな家事労働に追われ、結局疲れが出てしまうこともあるようです。そういう時は、現地のお手伝いさん "阿姨" に家事を頼むことも、一つの手だと思います。

中国の都会では、仕事の忙しい家庭や共働きの家庭がお手伝いさんを雇うケースも多いです。都市によってはお手伝いさんを派遣する会社もあります。1週間のうち1、2回のペースでお手伝いさんを頼み、数時間家事を手伝ってもらうだけでも、かなり楽になると思います。家事に困ったら、気軽に頼んでみてはいかがでしょうか。

休 日

暮らしの便利用語 ——スーパーなどで買う食材の名称

お米	大米 (ダァ ミィ)	豚肉	猪肉 (ジュウロウ)
小麦粉	面粉 (ミエンフェン)	牛肉	牛肉 (ニィウロウ)
麺 (ラーメンなど)	面 (ミエン)	鶏肉	鸡肉 (ジィ ロウ)
にんにく	大蒜(头) (ダァ スワン トウ)	魚	鱼 (ユィ)
しょうが	姜 (ジアン)	エビ	虾 (シア)
ネギ	葱 (ツォン)	カニ	蟹 (シエ)
チンゲン菜	青(梗)菜 (チン ゲン ツァイ)	タマゴ	蛋 (ダン)
トマト	番茄 (ファンチエ)	牛乳	牛奶 (ニィウナイ)
ピーマン	青椒 (チン ジャオ)	バナナ	香蕉 (シャンジアオ)
ジャガイモ	土豆 (トゥドウ)	リンゴ	苹果 (ピン グオ)
豆腐	豆腐 (ドウ フ)	オレンジ	橙子 (チョンズ)

場面 1　日本の紹介　【介绍日本】(ジエシャオルィベン)

会話

【佐藤さんは、中国の同僚や友人たちとの会話の中で、時々日本のことを紹介します。】

1

佐藤さん：日本は島国で、主に四つの大きな島と数多くの小さな島から構成されています。

日本是一个岛国，主要由四个大岛和众多的小岛组成的。
(ルィベン シー イ ガ ダオグオ, ジュウ ヤオ ヨウ スガ ダァ ダオ ホ ジョンドゥオダ シアオダオ ズウ チェンダ)

陳さん：お手数ですが、簡単な地図を書いて頂けますか？

麻烦您，画一张简单的日本地图，好吗？
(マ ファンニン ホア イ ジャンジエンダン ダ ルィベン ディ トウ ハオ マー)

交　友

(簡単な地図を書く)

2
- 佐藤さん：日本の国土は全体に縦長で、四つの大きな島は北海道、本州、四国と九州です。

  日本的国土是纵长形的，四个大岛分别是：北海道、本州、四国和九州。

- 陳さん：周りはすべて海ですね。人口はどのぐらいですか？

  周围都是海。那么，总人口是多少呢？

3
- 佐藤さん：人口はだいたい1億2千万人ぐらいです。

  大约是1亿2千万人左右。

- 陳さん：気候はいかがですか？

  那么，气候怎么样呢？

4
- 佐藤さん：温帯気候で、四季がはっきりしています。

  属于温带气候，四季分明。

- 陳さん：日本の桜はとても美しいと聞いてますが。

  听说，日本的樱花是很美丽的。

5
- 佐藤さん：はい。毎年春、桜が満開となる頃、人々は「花見」をする風習があります。

  是的。每年春天，在樱花盛开的季节，人们有"赏花"的习惯。

- 陳さん：それは羨ましい！ところで、日本人は仕事に対して大変真面目で勤勉ですよね。

  真羡慕！听说，日本人在工作上是非常勤劳和认真的。

6
- 佐藤さん：どうも。日本人には一生懸命働くことが美徳だと思われているようです。

  谢谢！一般，日本人拼命工作被认为是一种美德。

- 陳さん：仕事の疲れやストレスを取るのに、何か良い方法がありますか？

  那么，有什么好办法来解除工作上的疲劳呢？

交 友

7
- 佐藤さん：一番ポピュラーなのは、温泉に入ることかもしれません。
- 陳さん　　：そうですか。日本料理もヘルシーだと聞いています。

　　ズイ プー ビエンダ　　イエ シュイシー パオ
　最 普 遍 的，也 许 是 泡
　ウェンチュアンバー
　温 泉 吧。

　シーマー　テン　シュオルィ ベン リアオリ イエ
　是 吗。听 说，日 本 料 理 也
　シー ジエンカン ツァン
　是 健 康 餐。

8
- 佐藤さん：日本料理はあっさりしたものが多いですから。
- 陳さん　　：一般的な家庭料理はどんなものがありますか？

　イン ウェイルィ ベン リアオリ ダ ウェイダオ
　因 为，日 本 料 理 的 味 道、
　ドゥオシュウシー チン ダン ダ
　多 数 是 清 谈 的。

　ナー モ イ バンダ ジア チャンツァイヨウナー
　那 么，一 般 的 家 常 菜 有 哪
　シエ ナー
　些 呢？

9
- 佐藤さん：典型的な家庭料理は、焼き魚や煮物、お新香、味噌汁など、それにご飯です。
- 陳さん　　：日本のことを知ることが出来、本当にありがとうございました。

　ディエンシン ダ ジア チャンツァイシー　カオ ユイ
　典 型 的 家 常 菜 是：烤 鱼、
　ジュウザ ツァイ ジアンツァイ ジアンタン デン ハイ
　煮 杂 菜、酱 菜、酱 汤 等，还
　ヨウ ミ ファン
　有 米 饭。

　ニン ラン ウォ リアオジエラ ヘン ドゥオルィ ベン
　您 让 我 了 解 了 很 多 日 本
　ダ シ チン シエ シエ
　的 事 情，谢 々！

167

単語説明

1. 岛　【名】島
2. 组成　【動】構成する
3. 海　【名】海
4. 人口　【名】人口
5. 属于　【動】〜に属する
6. 气候　【名】気候
7. 四季　【名】四季
8. 分明　【形】はっきりしている
9. 樱花　【名】桜の花
10. 美丽　【形】美しい
11. 习惯　【名】習慣
12. 勤劳　【形】勤勉な
13. 认真　【形】真面目な
14. 美德　【名】美徳
15. 解除　【動】取り除く
16. 疲劳　【名】疲労

すぐ使える常用パターン

1. 日本是一个岛国，主要由四个大岛和众多的小岛组成的。

   日本は島国で、主に四つの大きな島と数多くの小さな島から構成されています。
   （日本の国土を紹介する表現）

2. 每年春天，在樱花盛开的季节，人们有"赏花"的习惯。

   毎年春、桜が満開となる頃、人々は「花見」をする風習があります。
   （「花見」の風習を伝える表現）

3. 日本料理的味道、多数是清淡的。

   日本料理はあっさりしたものが多いです。
   （日本料理の特徴を紹介する表現）

交　友

豆知識：日本の話題に触れる

　中国現地において、仕事や生活などの様々な場面で日本の話題に触れることも多いと思います。例えば、同僚とのコミュニケーションや友人との会話の中で、相手が日本に対する関心を自然と示すことも多いでしょう。ここではより円滑に中国の人々と交流を図るために、最低限の日本に関する中国語のキーワードを覚えましょう。

①日本，島国→日本、島国
②首都，东京→首都、東京
③工作，勤劳→仕事、勤勉
④火山，富士山→火山、富士山
⑤温泉，箱根→温泉、箱根
⑥海，伊豆→海、伊豆
⑦国技，相扑→国技、相撲
⑧交通，新干线→交通、新幹線

書き込みメモ

場面 2　家族の紹介　【介绍家属】(ジエシャンジアシュウ)

会話 I　【佐藤さんは久しぶりに友人の陳さんに会い、家族が中国に来ていることを教えます。】

1
- 陳さん　：最近はお元気ですか？
  最近好吗？(ズイ ジン ハオ マー)
- 佐藤さん：おかげ様で、元気です。
  托你的福，很好。(トゥオニー ダ フ ヘン ハオ)

2
- 陳さん　：嬉しそうですね…。
  你看上去*¹很开心啊。(ニー カン シャンチュイ ヘン カイ シン アー)
- 佐藤さん：言い忘れていましたが、先週家族がこっちに来ました。
  忘记告诉你了，上星期、我的家属来了。(ワン ジ ガオ スウ ニー ラー シャンシンチ ウォ ダ ジア シュウライ ラー)

交友

3
- 陳さん：良かったですね！どれぐらいのご滞在ですか？

  太好了！要逗留多久呢？

- 佐藤さん：ちょうど子供たちが夏休みなので、三週間いる予定です。

  正好孩子们放暑假，准备住3个星期。

4
- 陳さん：ご家族の方にお会いしたいですね。観光はまだですか？

  我很想见々你家属。带他们去观光了吗？

- 佐藤さん：まだです。今週末でもどこかへ連れて行こうと思っています。

  还没有。这个周末想带他们去呢。

5
- 陳さん：良かったら車でご案内しましょう。

  不介意的话，我开车带你们一起去吧。

- 佐藤さん：じゃ、お言葉に甘えて、そうさせて頂きます。

  既然你这样说，就麻烦你了。

会話 II

【陳さんは皆さんを案内するため、週末の朝、佐藤さんのアパートへ向かいました。】

1
- 陳さん：おはようございます！
  早上好！(ザオ シャンハオ)
- 佐藤さん：おはようございます！まず、家族を紹介します。
  早上好！先介绍一下我的家属吧。(ザオ シャンハオ シエンジエ シャオイ シア ウォ ダ ジア シュウバー)

2
- 陳さん：陳と申します、どうぞ宜しくお願いします。
  我姓陈，请多多关照。(ウォ シン チェンチン ドゥオドゥオグアンジャオ)
- 佐藤さん：こちらは家内の純子です。娘の千恵、息子の智一です。
  这是我的妻子叫纯子。这是我的女儿千惠和儿子智一。(ジェ シー ウォ ダ チーズ ジアオチュンズ ジェ シー ウォ ダ ニュイアル チエンホイ ホ アルズ ジ イ)

3
- 陳さん：今日はご家族の皆さんにお目にかかることが出来て、本当に嬉しいです。
  今天，能见到你家属的各位，真的很高兴！(ジン ティエン ネン ジエンダオ ニィ ジア シュウダ ガ ウェイ ジェンダ ヘン ガオ シン)
- 佐藤さん：みんなもずっと陳さんにお会いしたかったんですよ。
  他们也一直很想见你。(タ メン イエ イ ジー ヘン シアンジエンニー)

172

交友

4
- 陳さん：お子さんたちは可愛いですね、何年生ですか？

  孩子们都很可爱，读几年级了？

- 佐藤さん：娘は中学校二年生で、息子は小学校五年生です。

  女儿读中学2年级，儿子读小学5年级。

5
- 陳さん：では、今日はどちらへご案内しましょうか？

  那么，今天你们想去哪里观光呢？

- 佐藤さん：家内は「水郷」が好きなので、そのような所をご案内して頂けたら、ありがたいです。

  我的妻子很喜欢"水乡"，如果能带我们去这样的地方，太感谢了！

*1　看上去→話し言葉で、「なんとなく～そうです」。

単語説明

1. 家属　【名】家族
2. 托　　【動】～をこうむる
3. 逗留　【動】滞在する
4. 暑假　【名】夏休み
5. 观光　【名】観光
6. 妻子　【名】妻
7. 女儿　【名】娘
8. 儿子　【名】息子
9. 可爱　【形】可愛い
10. 读　　【俗】（学校で）勉強する
11. 年级　【名】年生
12. 喜欢　【動】好き
13. 地方　【名】場所
14. 水乡　【名】水郷

173

すぐ使える常用パターン

1. 托您的福，很好。 （トゥオニンダフ，ヘンハオ）	おかげ様で、元気です。 （相手に感謝の気持ちを伝える表現）
2. 既然您这样说，就麻烦您了。 （ジランニンジェヤンシュウ，ジョウマファンニンラー）	お言葉に甘えて、そうさせて頂きます。 （相手の好意を受け入れる表現）
3. 先介绍一下我的家属吧。 （シエンジエシャオイシア ウォダジアシュウバー）	まず、家族を紹介します。 （家族を紹介する時の表現）
4. 这是我的妻子叫～。女儿～和儿子～。 （ジェシーウォダチーズ ジアオ～。ニュイアルホ アルズ～）	こちらは家内の～です。娘の～と息子の～です。 （家族の名前を紹介する表現）

交 友

豆知識:家族の呼称について

中国の人々は昔から家族の絆を大切にしてきました。交流の際には、自分のことや家族のことなどが多く話題になると思います。自分の家族のこと(構成や名前、趣味など)を中国語で表現できるようになれば、相手もより親しみを感じるでしょう。

主な家族の呼称:

日本語	中国語	
	我的(自分の)	您的(相手の)
父	(我的*)父亲 ウォダ フーチン	(您的*)父亲 ニンダ フーチン
母	(我的)母亲 ムーチン	(您的)母亲 ムーチン
夫	(我的)丈夫 ジャンフー	(您的)先生 シエンシエン
妻	(我的)妻子 チーズ	(您的)夫人 フーレン
娘	(我的)女儿 ニュイアル	(您的)女儿 ニュイアル
息子	(我的)儿子 アルズ	(您的)儿子 アルズ

*"的"は省略可能。ほかの"的"も同じ。

場面 ③ 友人の家に招かれる 【去朋友家作客】(チュイペンヨウジアズオ カ)

会 話

【佐藤さんは友人の陳さんの家に招かれて、夕食をご馳走になります。】

1
- 佐藤さん：こんにちは！今日はどうもお世話になります。
  你好！今天给你们添麻烦了。
  (ニー ハオ　ジン ティエンゲイ ニー メン ティエンマ ファンラー)
- 陳さん：こちらこそ。どうぞおかけください。
  哪里、哪里。请坐吧。
  (ナー リ　ナー リ　チン ズオ バー)

2
- 佐藤さん：ありがとうございます。
  谢々！
  (シエ シエ)
- 陳さん：まず、紹介します。妻の麗華と、息子の小龍です。
  先介绍一下，这是我的妻子叫丽华。儿子叫小龙。
  (シエンジエ シャオイ シア ジェ シー ウォダ チー ズ ジアオリー ホア　アル ズ ジアオシアオロン)

交友

3
- 佐藤さん：今日はお目にかかることが出来て、嬉しいです。
  今天能见到你们,我很高兴!
- 陳夫人：私たちも同じです。さあ、お茶をどうぞ。
  我们也很高兴!请用茶。

4
- 佐藤さん：日本からのお土産です。これは奥さんに、これはお子さんに、これは貴方に。
  我从日本带来了礼物。这是你夫人的、孩子的、还有你的。
- 陳さん 陳夫人：このような貴重な物を頂戴して、本当に恐縮です。
  这么贵重的礼物,真是过意不去啊。

5
- 佐藤さん：ほんのささやかな気持ちです。中国へ来てから、ずっとお世話になっていますから…。
  来中国后,你一直对我十分地关照。这是我的一点心意。
- 陳さん：ありがたく頂きます。最近はいかがですか？
  那么,多谢了!最近怎么样?

6	佐藤さん：	おかげ様で仕事も生活も落ち着いてきました。	托你们的福，我的工作和生活已经安定下来了。
	陳さん：	それは良かったですね！夕食が出来上がったので、どうぞ。	太好了！晚餐做好了。请吧。
7	佐藤さん：	お招き頂いて、どうもありがとうございます。	谢谢你们请我来作客*1。
	陳夫人：	今日は家庭料理ですが、お口に合えば幸いです。	今天做了些家常菜，但愿能合您的口味。
8	佐藤さん：	奥さんは料理がとても上手ですね。本当に美味しいです！	陈夫人很会烧菜*2，真好吃！
	陳さん：	この「水餃子」は私が作りました。どうぞ、食べてみてください。	这个水饺是我包的，请尝尝！

交 友

9
- 佐藤さん：大したものですね！こんな美味しい餃子が作れるなんて。私の大好物ですよ。
  你真能干啊！包这么好吃的饺子。我最喜欢吃水饺了。
- 陳夫人：良かったら、今度彼に教わるといいと思います。
  下次，让他教你包水饺吧。

（食事が終わる頃）

10
- 佐藤さん：今日は盛沢山な手料理を頂き、本当に感激です。一献差し上げましょう。
  今天，你们亲手做了这么丰盛的晚餐，太感激了。敬你们一杯！
- 陳さん／陳夫人：私たちも楽しかったです。また気軽に遊びに来てください。
  我们也很愉快。欢迎再来！

*1 作客→友人、親戚の家に招かれること。ご馳走になるケースも多い。
*2 会烧菜→料理上手。"会做菜"ともいう。

単語説明

1. 礼物　【名】お土産、贈物
2. 一直　【副】ずっと
3. 特別　【形】特別の
4. 心意　【名】気持ち
5. 安定　【動】落ち着く
6. 合　【動】合う
7. 口味　【名】(食べ物の)好み
8. 包　【動】包む
9. 能干　【名】腕がよい
10. 好吃　【形】美味しい
11. 亲手　【副】みずからの手で
12. 丰盛　【形】盛沢山(な)
13. 晚餐　【名】夕食
14. 感激　【動】感激する

すぐ使える常用パターン

1. 今天给你们添麻烦了。
   今日はどうもお世話になります。
   (相手の家にお邪魔して、お世話になる前のあいさつ)

2. 来中国后,您一直对我十分地关照。这是我的一点心意。
   ほんのささやかな気持ちです。中国へ来てから、ずっとお世話になっていますから…。
   (お世話になった相手に贈物を差し上げる表現)

3. 你(您)真能干啊!
   大したものですね!
   (相手の才能などを褒める表現)

4. 今天,你们亲手做了这么丰盛的晚餐,太感激了!
   今日は盛沢山な手料理を頂き、本当に感激です!
   (相手のもてなしに対して感謝の意を伝える表現)

交 友

豆知識：中国の"作客"について

　中国では友人や親戚を自分の家に呼ぶことは、ごく普通のことです。中国現地でビジネスをする方も、長く住めば住むほど中国の友人の家に招かれる"作客"の機会も多くなるでしょう。中国での「今度、家に遊びに来てください」"下次请来我家玩"という言葉は、決して社交辞令ではなく、本気で招いていると解釈して良いと思います。招かれる側も素直にその好意を受け入れることをお勧めします。

　また、お世話になっている（なった）友人の家に招かれてご馳走になる時には、事前に相手の家族構成などを聞いておいて、ちょっとした手土産を持参して訪問することも、感謝の気持ちの表現の一つであり、しきたりともいわれています。"作客"のような暖かい交流を大事にすれば、友情を育て深めていくでしょう！

書き込みメモ

場面 4 中国茶を楽しむ 【中国茶的乐趣】
ジョングオチャダラチュイ

会話 I 【休日、同僚の胡さんが電話で佐藤さんを誘い、中国茶を飲みに出かけます。】

1
胡さん ：もしもし、今日の午後は何かご予定はありますか？
喂，你好！今天下午有事吗？
ウェイニー ハオ ジンティエンシア ウ ヨウ シ マー

佐藤さん：こんにちは！特別な予定はありませんが…。
你好！下午没有特别的安排。
ニー ハオ シア ウ メイヨウタ ビエ ダ アン バイ

182

交友

2
- 胡さん　：最近オープンした「心語茶館」に中国茶でも飲みに行ってみませんか？
- 佐藤さん：いいですね！最近、ちょうど中国茶にはまっています。

一起去新开张的"心语茶馆"，喝中国茶，好吗？

好啊！最近，我刚好热衷于喝中国茶呢。

（茶館で）

3
- 胡さん　：佐藤さんは何茶が好きですか？
- 佐藤さん：みんな好きですけど、やはり「龍井茶」が一番好きですね。

佐藤先生喜欢喝什么茶呢？

我都喜欢，最喜欢的还是"龙井茶"。

4
- 胡さん　：じゃ、とりあえず、「龍井茶」を注文しましょう。
- 佐藤さん：どうもすみません。この店は古風で雰囲気もなかなかいいですね。

那么，先点1壶"龙井茶"吧。

谢谢！这个茶馆很古雅，气氛也不错。

5	胡さん：お茶うけもカウンターに沢山並べてあって、自由に選べますよ。	在柜台上放的各种茶点，可以自由挑选的。
	佐藤さん：一緒に選びましょうか。	我们一起挑吧。

6	胡さん：「龍井茶」が来ましたよ。美味しく飲めるのは三煎目までだそうです。	"龙井茶"来了。这种茶可以喝3开*1。
	佐藤さん：すがすがしい香り！癒されますね。	好清香啊！给人一种轻爽的感觉。

7	胡さん：ところで、佐藤さんは中国に来てからホームシックにかかったことはありますか？	可是，你来中国之后，想家*2吗？
	佐藤さん：「ない」と言うのも嘘ですが、周りが優しく接してくれたおかげで、充実しています。	"不想家"也不现实。周围的人都对我很关心，所以我也很充实。

交　友

8
- 胡さん　：飲食面では日本と違うみたいですが、徐々に慣れると思います。

  在饮食方面，好像与日本不同，我想你会慢慢适应的。

- 佐藤さん：まあ、「郷に入れば、郷に従う」が一番だと思います。

  "入乡随俗"就是最好的途径。

9
- 胡さん　：同感です。ほかのお茶も試してみませんか？

  我也有同感。你还要喝点别的茶吗？

- 佐藤さん：いいえ。今日は素晴しいお茶を勘能し、楽しいお話も出来ました。ありがとうございました。

  不要了。今天既喝了好茶，又与你愉快地聊了天。谢谢！

*1　开→ここでは、お茶の「煎目」に相当します。
*2　想家→ホームシックにかかる。

単語説明

1. 开张 【動】店を開ける
2. 热衷~ 【動】~に熱中する
3. 喝 【動】飲む
4. 茶壶 【名】急須
5. 古雅 【形】古風で優雅な
6. 气氛 【名】雰囲気
7. 茶点 【名】お茶うけ
8. 清香 【形】すがすがしい(香り)
9. 轻爽 【形】さわやかである
10. 周围 【名】周り、周囲
11. 关心 【動】気にかける
12. 适应 【動】適応する、慣れる
13. 途径 【名】方法、手段
14. 聊天 【動】お喋りをする

すぐ使える常用パターン

1.	最近,我刚好热衷于~。 ズイ ジン ウォ ガン ハオ ラ ジョンユイ	最近、ちょうど~にはまっています。 (自分が熱中していることを相手に伝える表現)
2.	我都喜欢,最喜欢的还是~。 ウォ ドウ シ ホアン ズイ シ ホアンダ ハイ シー	みんな好きですけど、やはり~が一番好きですね。 (相手に好物などを聞かれた時、一番好きな物を伝える表現)
3.	好清香啊! ハオ チン シアンアー	すがすがしい香り! (すがすがしい香りに感激する表現)
4.	既喝了好茶,又与你愉快地聊了天。谢谢! ジ ホ ラー ハオ チャ ヨウ ユイ ニー ユイ クアイダ リアオラー ティエン シエ シエ	今日は素晴しいお茶を堪能し、楽しいお話も出来ました。ありがとうございました。 (相手に自分の心境を素直に伝え、感謝する表現)

交友

豆知識：中国茶のあらまし

　中国茶は、紀元前頃にはすでに飲まれていたと言われています。"南北朝"の頃には一般にも普及し、"唐朝"の頃には茶店が各地で現れ始めたそうです。その後も時代を追うにつれ、お茶は中国の人々の生活に根付いていきました。

　中国茶といっても、種類や銘柄も様々です。発酵の度合いによる分類が六種類で、これに"花茶"を加えたものが「中国七大茶」と称されます。

中国七大茶（発酵の度合いによる分類）：

①青茶（チンチャ）→半発酵茶、香りが良いのが特徴。烏龙茶（ウーロンチャ）、铁观音（ティエグアンイン）

②红茶（ホンチャ）→完全発酵茶、日本で紅茶のこと。祁门红茶（チーメンホンチャ）（キーマンティー）

③黄茶（ホアンチャ）→微後発酵茶、味や香りは緑茶より強い。君山银针（ジュインシャンインジェン）

④黒茶（ヘイチャ）→後発酵茶、寝かすほどコクと香りが増す。普洱茶（プーアルチャ）

⑤白茶（バイチャ）→弱発酵茶、味や香りが強く上品。白毫银针（バイハオインジェン）

⑥绿茶（リュイチャ）→不発酵茶、中国でよく飲まれる。龙井茶（ロンジンチャ）

⑦花茶（ホアチャ）→茶葉に香りを付けたお茶、香りを楽しむ。茉莉花茶（モーリホアチャ）（ジャスミンティー）

場面 1 診察を受ける 【去看病(チュイカンビン)】

会話

【佐藤さんは体の具合が悪いため、街の病院で診察を受けることにしました。】

1
- 佐藤さん：すみません、内科を受診したいのですが…。
  対不起,我想挂*1内科。
  (ドゥイブチィー ウォ シアングア ネイカ)
- 受付：初診ですか？
  您是初诊吗?
  (ニン シー チュウジェンマー)

2
- 佐藤さん：はい、初めてです。
  是的。我是第1次来看病*2。
  (シーダ ウォ シー ディイツ ライカンビン)
- 受付：お手数ですが、お名前と生年月日を記入してください。
  麻烦您,填写一下名字和年龄。
  (マ ファンニン チン シエイ シアミンズ ホ ニエンリン)

健康管理

3
- 佐藤さん：はい。　好(ハオ)的(ダ)。
- 受付：このカルテを二階の内科へお出しください。　请把这个病历卡拿到２楼的内科。

（診察室で）

4
- 医者：どこの具合が悪いのですか？　你哪里不舒服啊？
- 佐藤さん：頭痛がひどく、全身に痛みがあります。　我的症状是头痛得厉害，浑身酸痛。

5
- 医者：いつ頃からですか？まず、熱を測ってみましょう。　什么时候开始的？先量一下体温吧。
- 佐藤さん：２、３日前からです。　从２、３天前开始的。

6
- 医者：熱は38度5分ですが、せきはありますか？　体温是３８度５，咳嗽吗？
- 佐藤さん：はい、夜になると激しくなります。　有咳嗽，晚上咳得厉害。

189

7	医者　　：では、聴診器を当てますね。深呼吸してください。	ラン ウォ ヨン ティンジェンチ ティン イ シア バー 让我用听诊器听一下吧， チン シェンフゥ シー 请深呼吸。
	佐藤さん：先生、私は何の病気でしょうか？	イ シェン ウォ シー シェンモ ビン ナー 医生，我是什么病呢？

8	医者　　：正確な診断をするために、胸部レントゲンと血液検査をしましょう。	ウェイラ ジェンチュエダ ジェンドゥアンズオ イ 为了正确的诊断，做一 シア シオンブ X グアンジェンチャ ホ ホア イエン 下胸部X光检查和化验 イ シア シエ バー 一下血吧。
	佐藤さん：お願いします。	ハオ ダ 好的。

（検査を終えて）

9	医者　　：検査の結果、肺も正常ですので、風邪だと思います。	ジェンチャ ダ ジエグオフェイ ブ ジェンチャン 检查的结果，肺部正常。 ウォ レン ウェイシー ガン マオ 我认为是感冒。
	佐藤さん：インフルエンザではなく、少し安心しました。	ブゥ シー リュウシン シン ガン マオ ジュウ ファンシン 不是流行性感冒，就放心 ラー 了。

健康管理

10
- 医者：では、処方をしますが、薬のアレルギーはありますか？
  那么，我想给你开处方了。你有药物过敏吗？
- 佐藤さん：ないと思います。
  没有。

11
- 医者：薬を5日分出しますので、良くならなかったら、また来てください。
  先开5天的药，如果不好转，请再来。
- 佐藤さん：ありがとうございました。
  谢谢您。

*1 挂→診察の受付に行く。ここでは"挂号"の省略。
*2 看病→診察を受ける（日本語の「看病」とは異なるので注意）。

単語説明

1. 内科【名】内科
2. 名字【名】名前
3. 年龄【名】年齢、年
4. 症状【名】症状
5. 厉害【形】たまらない、ひどい
6. 舒服【名】体調(気分)がよい
7. 体温【名】体温
8. 听诊器【名】聴診器
9. 病【名】病気
10. 正确【形】正確な
11. X光【名】レントゲン
12. 化验【動】化学検査をする
13. 血【名】血液
14. 处方【名】処方
15. 病历卡【名】カルテ
16. 好转【動】好転する

すぐ使える常用パターン

1. 我想挂〜科。 ウォ シアングア カ	〜科を受診したいのですが…。 (病院の受付に受診したい科を伝える表現)
2. 我的症状是〜。 ウォ ダ ジェンジュアンシー	私の症状は〜です。 (医者に自分の症状を述べる表現)
3. 从2、3天前开始不舒服的。 ツォン リアン サンティエンチエン カイシ ブゥ シュウフ ダ	2、3日前から具合が悪くなりました。 (医者に具合が悪くなった日にちを伝える表現)
4. 医生,我是什么病呢? イ シェン ウォ シー シェンモ ビン ナー	先生、私は何の病気でしょうか? (医者に自分の病名などを尋ねる表現)

豆知識：万一具合が悪くなったら

万一、中国で病気になった場合、大都市では日本人向けの病院もありますが、そのほかの都市では、街の病院で診察を受けることになります。念のため、関連用語も覚えておきましょう。

①医院,医生(大夫)→病院、医者
②挂号,看病→受付、受診する
③门诊,急诊→外来、救急
④血型,输血→血液型、輸血
⑤老毛病,复发→持病、再発する
⑥体质,过敏→体質、アレルギー
⑦感冒,头痛→風邪、頭痛
⑧发烧,发冷→発熱、悪寒
⑨咳嗽,流鼻涕→せき、鼻水
⑩肚子痛,恶心→お腹が痛い、吐き気
⑪食物中毒,拉肚子→食中毒、下痢
⑫受伤,疼痛→怪我、痛い

場面 2　薬局にて　【去药房】(チュイヤオファン)

会話 I

【佐藤さんは外来の診察を終え、薬を受け取りに薬局を訪れます。】

1
- 佐藤さん：すみません、薬を受け取りたいのですが。
  对不起，我想取药。(ドゥイブチィーウォシアンチュイヤオ)
- 薬剤師：支払いは済みましたか？
  您药费付了吗？(ニンヤオフェイフーラマー)

2
- 佐藤さん：まだですが…。
  还没有……(ハイメイヨウ)
- 薬剤師：では、「会計窓口」と「支払い窓口」へ行って、支払ってきてください。
  那么，请先到"会计窗口"和"付款窗口"去付药费。(ナーモチンシエンダオクアイジチュアンコウホーフークアンチュアンコウチュイフーヤオフェイ)

193

(薬の受け取り窓口で)

3
- 佐藤さん：薬をお願いします。(処方箋を渡す)
  _{チン ゲイ ウォ ヤオ}
  请给我药。
- 薬剤師：はい、少々お待ちください。
  _{ハオ ダ チン ニン シャオデン イ シア}
  好的，请您稍等一下。

4
- 薬剤師：薬が出来ましたので、どうぞこの二種類です。
  _{ニン ダ ヤオ ペイ ハオ ラー シー リャンジョンヤオ}
  您的药配好了，是二种药。
- 佐藤さん：説明をお願い出来ますか？
  _{ネン ゲイ ウォ シュオミン イ シア マー}
  能给我说明一下吗？

5
- 薬剤師：一つは「抗生物質」で、もう一つは「解熱剤」、二つとも1回1錠を1日3回食後に服用してください。
  _{イ ジョンシー カン シェンスウ リン イ ジョン}
  一种是"抗生素"，另一种
  _{シー トゥイ シャオヤオ ドウ シー イッ ガイ}
  是"退烧药"。都是1次各1
  _{リー イ ティエンサンツ ファンホウ フー ヨン}
  粒、1天3次，饭后服用。
- 佐藤さん：何か注意することはありますか？
  _{チン ウェン ヨウ シェンモ ヤオ ジュ イ ダ シ マー}
  请问，有什么要注意的事吗？

健康管理

6
- 薬剤師 ：特にありませんが、お酒は控えたほうが無難だと思います。
  没有特别要注意的。少喝一点酒为好。
- 佐藤さん：どうも、ありがとうございました。
  谢谢您。

会話Ⅱ

【佐藤さんは少し具合が悪い時などは、街の漢方薬局を利用します。】

1
- 佐藤さん：すみません、漢方の風邪薬がほしいのですが…。
  对不起，我想买治感冒的中药*1。
- 薬剤師 ：どんな症状ですか？
  您有什么症状呢？

2
- 佐藤さん：のどの痛みと鼻水があります。
  嗓子痛和流鼻涕。
- 薬剤師 ：風邪の初期症状かもしれませんので、この「感冒冲剤」がお勧めです。風邪の予防効果もありますよ。
  可能是感冒初期，我推荐您喝这个"感冒冲剂"。也有预防感冒的效果。

195

3
- 佐藤さん：それはいいですね。お手数ですが、飲み方を教えて頂けますか？
- 薬剤師：1回1袋を1日3回お湯で溶かして飲んでください。

<ruby>太<rt>タイ</rt></ruby> <ruby>好<rt>ハオ</rt></ruby> <ruby>了<rt>ラー</rt></ruby>。<ruby>麻<rt>マ</rt></ruby> <ruby>烦<rt>ファン</rt></ruby> <ruby>您<rt>ニン</rt></ruby>，<ruby>教<rt>ジアオ</rt></ruby> <ruby>我<rt>ウォ</rt></ruby> <ruby>一<rt>イ</rt></ruby> <ruby>下<rt>シア</rt></ruby> <ruby>怎<rt>ゼン</rt></ruby> <ruby>么<rt>モ</rt></ruby> <ruby>服<rt>フー</rt></ruby> <ruby>用<rt>ヨン</rt></ruby>，<ruby>好<rt>ハオ</rt></ruby> <ruby>吗<rt>マー</rt></ruby>？

1 天 3 次，1 次 1 袋、用 开 水 冲 服。

4
- 佐藤さん：では、その「感冒冲剤」を1箱下さい。
- 薬剤師：はい。お大事に。

请 给 我 1 盒 那 种 "感 冒 冲 剂"。

好 的。请 多 保 重。

*1 中药→漢方薬の総称。中国では、既成の漢方薬は "中成药" といい、煎じる漢方薬は "煎药" という。

単語説明

1. 药房 【名】薬局
2. 药 【名】薬
3. 取 【動】受け取る
4. 药费 【名】薬代
5. 付 【動】支払う
6. 配 【動】調合する
7. 粒 【名】（薬の）錠
8. 服(用)【動】服用する
9. 推荐 【動】勧める
10. 预防 【動】予防する
11. 效果 【名】効果
12. 冲 【動】（お湯などを）注ぐ
13. 喝 【動】飲む
14. 保重 【話】お大事に

健康管理

すぐ使える常用パターン

1. 对不起，我想取药。 / 薬を受け取りたいのですが。（病院や街の薬局に処方箋を持って行き、薬の受け取りを依頼する表現）

2. 请问，有什么要注意的事吗？ / お伺いしますが、何か注意することはありますか？（薬を服用する際の注意事項を尋ねる表現）

3. 对不起，我想买～药。 / すみません、～薬がほしいのですが…。（街の薬局で市販の薬や漢方薬を買い求める時の表現）

4. 麻烦您，教我一下怎么服用，好吗？ / お手数ですが、飲み方を教えて頂けますか？（薬の飲み方について、尋ねる表現）

5. 请给我1盒～。 / では、～を1箱下さい。（薬などを買い求める時の表現）

豆知識：漢方と「医食同源」

　健康ブームの時代と言われている中、日本では「漢方」に対する関心も高まる一方です。中国の薬局といえば、やはり漢方薬局"中药房"が主流です。"中药房"では、様々な生薬や成薬などを取り揃えています。漢方の分類は大きく「生薬」と「成薬」の二種類に分けられており、「生薬」とは主に植物の花や茎と根、それに動物の一部を乾燥した物を指し、「成薬」とは生薬を加工した物を指します。

　一方「医食同源」とは、古代からの中国医学理論に基づき、生薬などを料理に加えることにより、「医」と「食」を一体化させる考えが由来とされます。これが"药膳"のことです。季節ごとに旬の食材と体調などに合った生薬を組み合わせて摂ることで、健康増進や疲労回復から病気の予防、治療効果があると言われてきました。皆様もぜひ、本場の薬膳料理を体験してみてはいかがですか？美味しいですよ！

書き込みメモ

場面 3　太極拳を習う　【学太极拳】
シュエタイジチュアン

会話

【佐藤さんは健康を維持するために、中国本場の健康法である太極拳を習うことに決めました。】

1

佐藤さん：最近、何か体が疲れやすくなったみたいです…。

最近，我觉得容易疲劳……
ズイジン ウォ ジュエダ ロン イ ピラオ

陳さん：ゴルフとかジムには行っていますか？

你打高尔夫球或去健身房锻炼吗？
ニーダー ガオアルフ チュウホ チュイジエンシェン ファンドゥアンリエンマー

2　佐藤さん：ゴルフは仕事の付き合い程度でやっていますが…。
　　陳さん　：そうですか、ここにもジムはありますが、ちょっと遠いんですよね。

<ruby>只<rt>ジー</rt></ruby> <ruby>是<rt>シー</rt></ruby> <ruby>在<rt>ザイ</rt></ruby> <ruby>工<rt>ゴン</rt></ruby> <ruby>作<rt>ズオ</rt></ruby> <ruby>交<rt>ジアオ</rt></ruby> <ruby>际<rt>ジ</rt></ruby> <ruby>上<rt>シャン</rt></ruby>，<ruby>打<rt>ダー</rt></ruby> <ruby>一<rt>イ</rt></ruby> <ruby>点<rt>ディエン</rt></ruby> <ruby>高<rt>ガオ</rt></ruby> <ruby>尔<rt>アル</rt></ruby> <ruby>夫<rt>フ</rt></ruby> <ruby>球<rt>チュウ</rt></ruby>。

是吗，这里也有健身房，就是远一点。

3　佐藤さん：まあ、せっかく中国にいるので、何か本場の健康法でも身に付けたいなあ…。
　　陳さん　：いいじゃないですか。例えば、気功や太極拳はいかがですか？

既然在中国，我还是想学一点中国正宗的健身法。

不错，比如气功、太极拳，怎么样？

4　佐藤さん：どちらかといえば、やはり太極拳を学んでみたいですね。陳さんは出来ますか？
　　陳さん　：僕は少林拳を習っていました。どちらも中国武術ですよ。

我还是想学太极拳。小陈，你会吗？

我学过少林拳。这二种拳都属于中国武术。

200

健康管理

5 {
佐藤さん：ところで太極拳の先生を知っていますか？

你认识太极拳的老师*1吗？

陳さん：はい、沈さんという有名な太極拳の先生が毎週末、市の中央公園で教えていますよ。

我认识一位有名的太极拳老师,他姓沈。每到周末,他在市"中央公园"教太极拳。
}

6 {
（中央公園で）

陳さん：沈先生、お久しぶりですね！友達を連れて来ました。こちらは佐藤さんです。

沈老师,好久不见！今天我带朋友来了。这位是佐藤先生。

沈先生：大歓迎ですよ！沈です、どうぞ宜しくお願いします。

非常欢迎！我姓沈,请多关照。
}

7 {
佐藤さん：はじめまして、どうぞ宜しくお願いします。

初次见面,也请多关照。

沈先生：まず、ご覧ください。太極拳は円に沿って流れるような動きが特徴です。

请先看看吧。太极拳的特征是:四肢流动形地做画圆动作。
}

8	佐藤さん：沈先生、太極拳はなぜ健康に良いのでしょうか？	沈老师，太极拳为什么有利于身体健康呢？
	沈先生：簡単に言えば、「気血」の流れを良くし、体内のバランスを保つことで健康増進、病気予防につながるのです。	简单地说：能促进气血循环，保持体内的正常平衡，从而起到增进健康、预防疾病的效果。
9	佐藤さん：素晴しい！ぜひ、教えてください。	太棒了！请您一定教教我。
	沈先生：では、「初級コース」から始めましょう。	那么，你从"初级班"开始学吧！

*1　老师→先生。教師に対する敬称、または師匠など技能に優れた人を指す。

単語説明

1. 觉得　【動】感じる
2. 高尔夫球【名】ゴルフ
3. 健身房【名】ジム
4. 锻炼　【動】トレーニングする
5. 打　　【動】～をする
6. 交际　【名】付き合い
7. 正宗　【名】正統なもの
8. 太极拳【名】太極拳
9. 武术　【名】武術
10. 特征　【名】特徴
11. 四肢　【名】四肢
12. 画圆　【動】円を描く
13. 动作　【名】動作、動き
14. 有利　【形】有益である
15. 促进　【動】促進する
16. 平衡　【名】バランス

健康管理

すぐ使える常用パターン

1. 我还是〜。(ウォ ハイ シー)	どちらかといえばやはり〜です。(いくつかの事柄の中からあえて一つを選ぶ時の表現)
2. 〜的特征是：〜。(ダ タ ジェンシー)	〜は〜が特徴です。(事柄の特徴を述べる表現)
3. 〜, 为什么有利于身体健康呢？(ウェイ シェンモ ヨウ リ / ユイ シェンティ ジエンカン ナー)	〜はなぜ健康に良いのでしょうか？(対象の健康効果を尋ねる表現)
4. 请您一定教教我。(チン ニン イ デン ジアオジアオ / ウォ)	ぜひ、教えてください。(先生に強い気持ちで教えを請う表現)

豆知識：太極拳と健康

　太極拳は、中国古来の神秘的な「太極思想」を理論的な背景として生まれた中国武術の一つです。拳法が持つ一般的なイメージとは対照的で、円に沿って流れるようなゆったりとした動きが特徴です。創始者については一説によると、"明朝末"に武術家として活躍した陳三廷が編み出したと言われています。その後、陳一族を守る拳法として発展し、「門外不出」とされてきました。しかし、"清朝末"に楊露禅がこの拳法を会得し、北京に持ち帰り広めたと伝えられています。

　流派は様々ですが、主に「伝統太極拳」と「簡化太極拳」の二つに分類されます。武術の護身法としてはもちろん、健康法としても最近特に注目されています。健康面では太極拳は、主に「気血」の流れを良くし、内臓機能を高め、ストレス解消や集中力アップなどの効果もあげられます。カラダの芯までリラックスできるので、現地で仕事されている方にはうってつけの健康法であるかもしれません。

場面 4 中国式あんま 【中国式按摩】(ジョングオ シ アン モ)

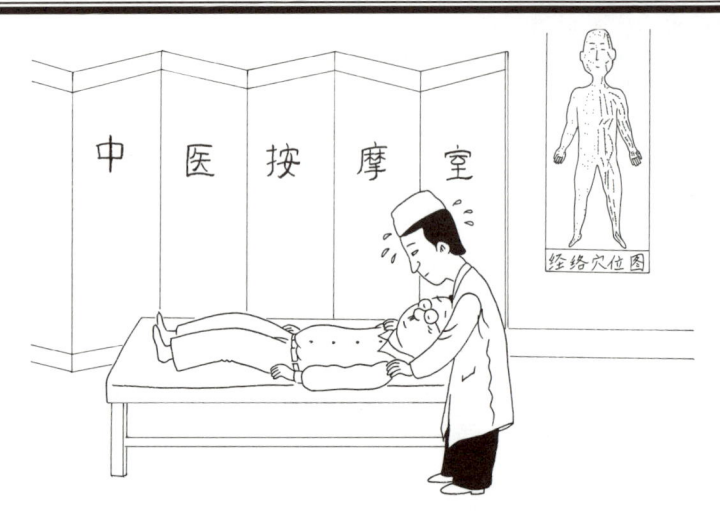

会話

【佐藤さんは肩凝りがひどいため、街の「中国式あんま」を受けることにしました。】

1
佐藤さん：すみません、中国式あんまを受けたいのですが…。
你好！我想做中国式按摩*1。
(ニー ハオ ウォ シアンズオ ジョングオ シ アン モ)

受付：全身コースと足裏コースのどちらになさいますか？
您想做全身按摩，还是足底按摩呢？
(ニン シアンズオ チュアンシェン アン モ ハイ シー ズウ ディ アン モ ナー)

健康管理

2
- 佐藤さん：全身コースは肩凝りに効果はありますか？

  全身按摩对肩膀酸痛有效吗？

- 受付：「中国医学」に基づいて経絡やツボの上に施術しますので、効果はあるはずです。

  这里是根据"中医*2"的经络、穴位进行按摩的，当然有效果。

3
- 佐藤さん：では、「中医按摩」の全身コースをお願いします。

  那么，请给我做一个全身的"中医按摩"吧。

- 受付：はい、かしこまりました。靴をお預かりします。

  好的。请寄存一下鞋子。

4
- 佐藤さん：支払いは？（靴を渡しながら）

  现在付款吗？

- 受付：後払いです。これはお客様のロッカーのキーです。

  最后一起结账，这是您的存衣柜钥匙。

205

5	佐藤さん：	どうもありがとう。	谢谢!
	受付：	全身コースでは、入浴、サウナも無料です。気軽にご利用ください。	全身按摩,洗浴、桑拿都是免费的。请随便使用。

(按摩室で)

6	佐藤さん：	こんにちは！宜しくお願いします。	你好!麻烦你了。
	あんま師：	こんにちは！どこが調子悪いのですか？	您好!哪里不舒服啊?

7	佐藤さん：	最近、体が疲れやすくて、特に肩凝りがひどいです。	最近,感到容易疲劳,特别是肩膀酸痛得厉害。
	あんま師：	まず、仰向けに寝てください。リラックスして、頭からあんましていきます。	请先朝天躺下吧。全身放松,从头部开始按摩。

8	佐藤さん：	すみません、私は痛いのが苦手なんです。	对不起,我怕痛的。
	あんま師：	はい、では軽く押しますね。どうですか？	那么,我按得轻一点。这样可以吗?

健康管理

9　佐藤さん：はい、気持ちいいですね！
　　　　　　　很舒服！
　　あんま師：首も少し凝っていますね。肩と首を重点的にあんましましょう。
　　　　　　　您的脖子也有点硬，我给您重点按一下肩膀和脖子吧。

10　佐藤さん：ありがとう。肩をもう少し強く押してください。
　　　　　　　谢々！肩膀请再按重一些。
　　あんま師：はい。
　　　　　　　好的。

（あんま終了）

11　佐藤さん：すごく効きますね、全身が楽になりました。感謝します！
　　　　　　　真有效，全身轻松多了。非常感谢！
　　あんま師：どういたしまして。
　　　　　　　不用客气。

*1　按摩→あんまをする、マッサージをする。"推拿"ともいう。
*2　中医→中国の伝統医学「中国医学」の略称。

単語説明

1. 全身 【名】全身
2. 足底 【名】足の裏
3. 酸痛 【形】だるくて痛い
4. 中医 【名】中国医学
5. 经络 【名】経絡
6. 穴位 【名】ツボ(経穴)
7. 寄存 【動】預ける
8. 免费 【名】無料
9. 洗浴 【動】入浴する
10. 桑拿 【名】サウナ
11. 按 【動】押す
12. 轻 【形】(程度が)軽い
13. 重 【形】(程度が)強い
14. 有效 【形】効果的である

すぐ使える常用パターン

	中国語	日本語
1.	我想做中国式按摩。(ウォ シアンズオ ジョングオ シ アンモ)	中国式あんまを受けたいのですが…。(中国式マッサージを頼む表現)
2.	最近,我感到～,特别是～厉害。(ズイジン ウォ ガンダオ～, タビエ シー リーハイ)	最近、体が～、特に～がひどいです。(体調などをあんま師に伝える表現)
3.	很(真)舒服!(ヘン ジェン シュウフ)	気持ちいいですね!(あんまなどをされている時、「気持ちがいい」を伝える表現)
4.	对不起,～请再按重(轻)一些。(ドゥイ ブゥチー, チン ザァイアン ジョンチン イ シエ)	すみません、～をもう少し強く(弱く)押してください。(あんま師に、あんまする強弱を指示する表現)

健康管理

豆知識：体の部分の名称

中国語	日本語	中国語	日本語
头 （トウ）	頭	手臂 （ショウ ビ）	腕
眼睛 （イエジン）	目	手 （ショウ）	手
鼻子 （ビーズ）	鼻	胸 （シオン）	胸部
嘴 （ズイ）	口	后背 （ホウベイ）	背中
牙齿 （ヤーチ）	歯	肚子 （ドウズ）	お腹
耳朵 （アルドゥオ）	耳	腰 （ヤオ）	腰
脖子 （ボーズ）	首	腿 （トゥイ）	足（ももの付根から足首まで）
肩膀 （ジエンパン）	肩	脚 （ジアオ）	足（足首から先）

書き込みメモ

_____

_____

_____

_____

あとがき

　私はユウ先生から初めて中国語会話のレッスンを受けました。それまでの数多くの中国出張などの際には、通訳を介してコミュニケーションしておりました。しかし、感情まで伝えることが難しいことや、何より会話に倍時間がかかることに不安を感じておりました。

　こうして中国語会話習得への思いが高まり、ユウ先生から約２年間レッスンを受けることになりました。レッスンは先生手づくりのテキストを解りやすくアレンジしてくださったものを基に、和やかに進められました。簡単な日常会話のフレーズから、仕事でも使える実用的なフレーズやその使い分けにも配慮していただきました。

　レッスンで教えられたフレーズや表現などは、移動時間などを利用して繰り返し暗唱し、出張の際には出来る限り試みました。そうしているうちにボキャブラリーも増え、中国での講演なども自分の言葉で話せるようになり、心の通じる理解が生まれ、大きな喜びを感じるようになりました。また、仕事でより円滑なコミュニケーションが図れるようになり、真の「老朋友」をたくさん作ることも出来ました。

　また広い中国を回りますと、標準語（普通語）のほか北京語や上海語、広東語などの区分けがあり、発音や四声（中国語の基本的なイントネーション）の違いもありますが、ユウ先生曰く広大な中国には様々な方言があり、こだわることなく伝えようとすることが重要と言われ、おかげ様で学んだことを活かせるようになりました。

　本書の内容は私が教わったものとほぼ同じものであり、実用的なビジネス会話教科書です。私は現役を引退し観光旅行で中国へ行く機会が多いですが、現地の人たちと言葉を交わし通じ合うことが出来、旅をいっそう楽しんでいます。皆様もビジネスに出張に、中国語に入り易く実になる本書で気楽に学ばれることをお勧めいたします。

株式会社東芝 顧問（前専務取締役）
松本　忠

著者略歴

ユウ シャーミン（misaki yamada）　中国蘇州生まれ。
建築家である父の日本訪問をきっかけに日本へ留学。
1995年に東京国際大学国際経済学科を卒業後、大手芸能
プロダクション関連会社海外部に勤務。現在はフリー通
訳として、自治体などの日中友好交流事業をはじめ、日
中企業間の会議・商談など、同時・逐次通訳に幅広く携
わる。一方、日本企業の中国語ビジネス会話講師として、
手づくりで即効性のあるレッスンを提供し、企業の中国
進出のサポートに精力的に取り組み、信頼を得ている。
趣味は中国伝統薬膳家庭料理の研究や乗馬など。

ユウ・シャーミンの
実践中国語ビジネス会話

2006年9月3日　初版発行

著　者
ユウ　シャーミン

発行／発売
創英社／三省堂書店
東京都千代田区神田神保町1-1
Tel：03-3291-2295
Fax：03-3292-7687

印刷／製本
三省堂印刷

Ⓒ Shamin Yu, 2006　　　　　　　　　　　　　　Printed in Japan

定価はカバーに表示してあります。
乱丁、落丁本はお取替えいたします。
ISBN4-88142-288-X　C2087